Vollwertküche

Schmeckt gut, tut gut, schont die Umwelt

VERBRAUCHER
ZENTRALE

inhalt

vorwort

Die Vollwert-Ernährung ist zeitlos wie zeitgemäß. Sie überlebt die von Modewellen und Trends abhängigen Kostformen, Diäten, Ernährungskonzepte, weil sie von jeher den Anforderungen einer leistungsstarken Ernährung gerecht wird und Essen und Trinken bedeutet, das gut schmeckt, gut tut, sozial- und umweltverträglich ist. Rund 115.000 Exemplare in sieben Auflagen innerhalb von dreizehn Jahren sprechen für sich, dass unser Konzept, Vollwertiges mit der täglichen Praxis zu verbinden, gut ankommt.

Diese Ausgabe bietet:

- Rund 150 Rezepte. Die charakteristischen Kriterien: Die Rezepte sind fleischlos, mit vergleichsweise wenig Fett zuzubereiten. Wir haben darauf geachtet, dass die verwendeten Gemüse- und Obstzutaten auch wirklich gleichzeitig Saison haben. Spezielle Piktogramme kennzeichnen die einzelnen Rezepte, ob sie einfriertauglich und/oder gut vorab vorzubereiten sind, z. B. für ein Büfett oder eine Feier. Die Zutaten sind jeweils in der Reihenfolge angegeben, in der sie bei der Zubereitung benötigt werden. Es hat sich für viele bewährt, dass es die Arbeit erleichtert und Zeit eingespart wird, wenn die Zutaten griffbereit zurechtgestellt werden.
- Die Nährwertberechnungen gibt es kompakt in einer Übersicht ab Seite 214. Jedes Rezept ist versehen mit dem Kaloriengehalt, den Mengen an Kohlenhydraten und Ballaststoffen und dem Fettgehalt, dieser wieder weiter aufgeschlüsselt nach den jeweiligen Gehalten an Cholesterin, einfach sowie mehrfach ungesättigten Fettsäuren und dem Gehalt an gesättigten Fettsäuren. Der Seitenverweis führt zu dem konkreten Rezept zurück.
- Die Rezepten ermöglichen vollwertiges Feiern und zeigen, dass die Vollwertküche „gesellschafts"fähig ist: Vollwertige Salate, Aufläufe, Dips, Brotaufstriche, Soßen usw. lassen sich gut vor- und zubereiten und sorgen für entspannte und genussvolle Geselligkeit. Einige Vorschläge

für die Ausrichtung und die Zusammenstellung verschiedenster Büfetts finden Sie ab Seite 205. Grundsätzlich geben die Rezepte Hinweise darauf, wenn sie gut vorher zubereitet und ggf. auch eingefroren werden können.

- Informationen für die Praxis bereiten auf das Ausprobieren vor: (abfallarmer) Einkauf, die Vor- und Zubereitung, Sprossen und Keime, Umstellungsempfehlungen, Saisonkalender für einheimisches Gemüse und Obst.
- Der „theoretische" Teil fasst die Prinzipien und Empfehlungen der Vollwert-Ernährung zusammen und greift Fragen aus der Ernährungspraxis auf.

Viel Spaß bei der Zubereitung und guten Appetit!

vollwert-ernährung immer aktuell

„Vollwert-Ernährung"
ist eine überwiegend lakto-vegetabile Ernährungsweise, bei der gering verarbeitete Lebensmittel bevorzugt werden. Gesundheitlich wertvolle Lebensmittel werden zu genussvollen Speisen zubereitet. [...] Mit Vollwert-Ernährung sollen hohe Lebensqualität – besonders Gesundheit, Schonung der Umwelt und soziale Gerechtigkeit weltweit gefördert werden.

LEITZMANN u. A., 1999

Die Vollwert-Ernährung ist eine seit der Antike bekannte Ernährung, auch wenn sie ihren Namen erst seit Beginn dieses Jahrhunderts trägt. Ihre Grundprinzipien werden auch dem geänderten Bedarf der Menschen und den modernen Anforderungen einer leistungsfähigen Ernährung gerecht. Heute braucht der Körper deutlich weniger Kalorien als früher, der Bedarf an Vitaminen und Mineralstoffen ist aber gleich geblieben, möglicherweise durch beruflichen Stress und andere Umweltfaktoren sogar noch angestiegen. Die Konsequenz – unsere Lebensmittel bzw. unser Essen müssen heute wertvoller sein als früher, sprich: einen konzentrierteren Gehalt an Mikronährstoffen aufweisen.

Prinzipiell scheint es zwei Möglichkeiten zu geben, sich gesund und qualitätsbewusst zu ernähren: mit Hilfe natürlicher, vollwertiger Lebensmittel und/oder mit angereicherten, „wertvoll gemachten" Lebensmitteln.

Beginnen wir mit den „wertvoll gemachten" Lebensmitteln. „Wertvoll" machen heißt, Lebensmittel werden angereichert, z. B. mit Vitamin C, Eisen oder Calcium. Oder sie werden um nachteilige Bestandteile „erleichtert" und dann als Light-Produkte angeboten. Oder sie werden im Zuge ihrer Ver- und Bearbeitung in „ihre Einzelteile zerlegt" und scheinbar beliebig wieder zusammengesetzt. Dabei können wichtige Bestandteile verloren gehen, wie der wertvolle Keimling beim Weißmehl, oder den Einsatz von besonderen Zusätzen rechtfertigen. Hier findet sich eine Gruppe von Lebensmitteln, die so genannten „Funktionellen Lebensmittel" („Functional Food") oder auch als „Lebensmittel mit Zusatznutzen" bezeichnet. Dieser Zusatznutzen kann etwa die Förderung des Aufbaus einer gesunden Darmflora oder die Stärkung des Immunsystems sein. In diese Gruppe gehören z. B. die probiotischen Milchprodukte. Das heißt, trotz Anreicherungen an der einen oder anderen Stelle fehlt unseren modernen, stark verarbeiteten Lebensmitteln vieles von dem, was sie natürlicherweise enthalten, und das bei gestiegenen Ansprüchen! Im Vergleich mit den vollwertigen Lebensmitteln bleiben sie eher „teilwertig".

Vollwertige Lebensmittel sind „von sich aus" wertvoll. Mit ihnen muss nichts passieren, damit sie gesund sind und verzehrt werden können. Gemäß Definition besteht die Vollwert-Ernährung aus naturbelassenen Lebensmitteln, denen weder etwas zugefügt, noch etwas entfernt wurde, jedes hat noch seinen ursprünglichen „vollen" Wert. Im Englischen heißt es übrigens Wholefood, „vollständige Nahrung". Auch dieser Begriff trifft den Kern, dass es sich bei der Vollwertküche um rundum gut bekömmliches und sehr schmackhaftes Essen handelt. Eine Kost, die sowohl einfach (für Kochanfänger) als auch raffiniert (für Profis) zubereitet werden kann. Wer Interesse an Anregungen zum Anfangen oder Weitermachen hat, findet Umsetzbares ab Seite 61.

Vollwertige Lebensmittel enthalten keine zugesetzten Aromen oder Farbstoffe, Konservierungsstoffe oder andere Zusatzstoffe. Fertigprodukte, wie Kartoffelpüreepulver oder Tütensuppen, haben in dieser Ernährungsform keinen festen Platz. Auf sie sollte möglichst verzichtet werden.

Die moderne Vollwert-Ernährung berücksichtigt gegenüber der ursprünglichen Ausrichtung, die nur die Natürlichkeit der Lebensmittel und damit die ernährungsphysiologische Komponente im Blick hatte, weitere Aspekte, nämlich ökologische, regionale, saisonale und soziale Produktionsbedingungen (➢ Seite 15 ff.).

Entsprechend muss auch die Behandlung vollwertiger Lebensmittel „respektvoll" sein. Vollwertige Lebensmittel werden möglichst schonend zubereitet, um ihren natürlichen Geschmack und ihre Nährstoffe zu erhalten. Unsere Vollwert-Rezepte sind so zusammengestellt, dass sie den vollen, natürlichen Geschmack dieser Zutaten erhalten und damit schmack- und nahrhafte Gerichte hervorbringen und zudem meist einfach und schnell zuzubereiten sind. Lassen Sie sich von uns inspirieren.

Die wichtigsten Prinzipien der Vollwert-Ernährung auf einen Blick:

- Die Hauptrollen spielen – täglich – Gemüse, Obst, Kartoffeln, Vollgetreide und Milchprodukte – roh bzw. unerhitzt wie gegart. Lebensmittel aus ökologischer („Bio") und sozial verträglicher („fair gehandelter") Produktion werden dabei bevorzugt.
- Fleisch, Fisch und Eier nehmen – zwei- bis dreimal die Woche – die mittleren Plätze ein.
- Isolierte und raffinierte Produkte, wie Zucker oder Weißmehl, sind praktisch „abstiegsgefährdet".

Für diejenigen, die es genauer wissen wollen, gibt es die Orientierungstabelle (➢ Seite 12).

Zu wissen, was idealerweise gegessen werden sollte, ist die eine Sache, wie viel man davon essen sollte, eine andere. Wie in einer Pyramide sind die täglich benötigten Lebensmittel nach ihrer mengenmäßigen Bedeutung aufgebaut. Die Basis bilden Nahrungsmittel, die Kohlenhydrate liefern: Brot, Getreide, Nudeln, Müsli. Davon sollte täglich fünfmal gegessen werden, also zu jeder Mahlzeit. Je dreimal gibt's Obst und Gemüse. Milch und Milchprodukte kommen auch dreimal auf den Tisch. Die Spitze der Pyramide bilden die Gruppen Fleisch/Fisch/Eier (zwei- bis dreimal wöchentlich) sowie Fett und Zucker bzw. Honig. Im Allgemeinen gibt es bei einer rundherum vollwertigen Ernährung keine Gewichtsprobleme, die meisten nehmen sogar eher etwas ab. Der Grund: typische Dickmacher, wie Knabbereien und Süßigkeiten, süße Erfrischungsgetränke und Alkohol, aber eben auch fettreiche Wurst- und Fleischwaren werden deutlich seltener gegessen.

Wer es gerne in Zahlen ausgedrückt haben möchte:

Täglich auf dem Speiseplan stehen:

220 g	Brot/Backwaren
250 g	Kartoffeln/Getreide/Reis/Nudeln (gegart)
200 g	Gemüse (gegart)
150 g	Gemüse (roh)
50 g	Blattsalate
250–300 g	Obst (vorwiegend roh)
250–350 g	Milch/-produkte
50–100 g	Käse
1,5–2,5 l	kalorienfreie Getränke
20 g	Streichfett
15 g	Pflanzenöl

Zusätzlich pro Woche gibt es:

1–2 x max. 150 g	Fleisch/Wurst
mind. 1 x 200–250 g	Seefisch
1–2	Eier

Für Rechenfreunde und besonders Interessierte finden sich im Anhang Bedarfszahlen für die Hauptnährstoffe (➢ Seite 226 f.). Außerdem wird dort dargestellt, wie sich dieser Bedarf durch die einzelnen Lebensmittelgruppen decken lässt.

Vollwert-Ernährung Orientierungstabelle

Wertstufen	sehr empfehlenswert	
Verarbeitungsgrad	Nicht/gering verarbeitete Lebensmittel (unerhitzt)	Mäßig verarbeitete Lebensmittel (vor allem erhitzt)
Mengenempfehlung	Etwa die Hälfte der Nahrungsmenge	Etwa die Hälfte der Nahrungsmenge
	Die Übergänge zwischen den Spalten sind teilweise fließend	
Gemüse Obst	Frischgemüse, -obst Milchsaures Gemüse (z. B. Frischkost-Sauerkraut)	Erhitztes Gemüse, auch milchsaures; erhitztes Obst; Tiefkühlgemüse*, -obst*
Getreide	Gekeimtes Getreide; Vollkornschrot (z. B. Frischkornmüsli); frisch gequetschte Flocken	Vollkornprodukte (z. B. Vollkornbrot, -nudeln, -flocken, -feinbackwaren; Vollkorngerichte
Kartoffeln		Gegarte Kartoffeln (möglichst Pellkartoffeln)
Hülsenfrüchte		Gekeimte, blanchierte Hülsenfrüchte; erhitzte Hülsenfrüchte
Nüsse Fette Öle	Nüsse*; Mandeln*; Ölsamen* (z. B. Sonnenblumenkerne, Sesam); Ölfrüchte* (z. B. Oliven)	Geröstete Nüsse*; Nussmuse*; native, kaltgepresste Öle*; ungehärtete Pflanzenmargarinen mit hohem Anteil an nativen, kaltgepressten Ölen*; Butter*
Milch Milchprodukte	Vorzugsmilch	Pasteurisierte Vollmilch; Milchprodukte (ohne Zutaten); Käse* (ohne Zusatzstoffe)
Fleisch Fisch Eier		Fleisch* (bis 2x/Woche); Fisch* (bis 1x/Woche); Eier* (bis 2 Stück/Woche)
Getränke	Ungechlortes Trinkwasser; kontrolliertes Quellwasser, natürliches Mineralwasser	Kräuter-, Früchtetees; verdünnte Fruchtsäfte; verdünnte Gemüsesäfte; Getreidekaffee*
Gewürze Kräuter Salz	Ganze oder frisch gemahlene Gewürze; frische Kräuter	Gemahlene Gewürze; getrocknete Kräuter; jodiertes Meer- und Kochsalz*
Süßungsmittel	Frisches, süßes Obst	Honig* (nicht wärme-geschädigt, verdünnt); Trockenobst* (ungeschwefelt, eingeweicht)

* mäßig zu verwenden

Erläuterungen und Quellenangabe ➢ S. 234

Wertstufen	weniger empfehlenswert	nicht empfehlenswert
Verarbeitungsgrad	Stark verarbeitete Lebensmittel (vor allem konserviert)	Übertrieben verarbeitete Lebensmittel und Isolate/Präparate
Mengenempfehlung	Nur selten verzehren	Möglichst meiden
	Die Übergänge zwischen den Spalten sind teilweise fließend	
Gemüse **Obst**	Gemüsekonserven (z. B. Tomaten in Dosen); Obstkonserven (z. B. Kirschen in Gläsern)	Nahrungsergänzungsmittel (z. B. Vitamin-, Mineralstoff-, Ballaststoffpräparate); Tiefkühlfertiggerichte
Getreide	Nicht-Vollkornprodukte (z. B. Weißbrot, Graubrot, weiße Nudeln, Cornflakes, Auszugsmehl-Feinbackwaren); geschälter (weißer) Reis	Getreidestärke (z. B. Maisstärke)
Kartoffeln	Fertigprodukte (z. B. Püree-, Knödelmischung, Chips); Pommes frites	Kartoffelstärke
Hülsenfrüchte	„Sojamilch"; Tofu; Fertigprodukte (z. B. Bratlingsmischung)	„Sojafleisch" (TVP); Sojaprotein; Sojalezithin
Nüsse **Fette** **Öle**	Gesalzene Nüsse; extrahierte, raffinierte Fette und Öle; ungehärtete Pflanzenmargarinen; Kokosfett; Butterschmalz	Nuss(-Nougat)-Creme; gehärtete Fette (z. B. die meisten Margarinen, Frittierfette); Fett-Ersatzstoffe
Milch **Milchprodukte**	H-Milch(-produkte); Milchprodukte (mit Zutaten); Käse (mit Zusatzstoffen)	Sterilmilch; Kondensmilch; Milchpulver; Milchzucker; Milch-, Molkenprotein; Milch- und Käse-Imitate; Schmelzkäse
Fleisch **Fisch** **Eier**	Fleischwaren, -konserven; Wurstwaren, -konserven; Fischwaren, -konserven	Innereien; Ei-Pulver; Flüssig-Ei
Getränke	Tafelwasser; Fruchtnektare; Kakao; Bohnenkaffee; Schwarzer Tee; Bier; Wein	Limonaden; Cola-Getränke; Fruchtsaftgetränke; Instantgetränke (z. B. Tee, Kakao); Sportlergetränke; Energy-Drinks; Spirituosen
Gewürze **Kräuter** **Salz**	Kräutersalz; Meersalz; Kochsalz	Aromastoffe (natürliche, naturidentische, künstliche); Geschmacksverstärker (z. B. Glutamat)
Süßungsmittel	Honig (wärmegeschädigt); Trockenobst (geschwefelt); Dicksäfte (z. B. aus Äpfeln, Agaven); Sirup (z. B. aus Ahorn, Zuckerrüben); Vollrübenzucker; Vollrohrzucker	Süßwaren; Süßigkeiten; Isolierte Zucker (z. B. Haushalts- und brauner Zucker, Fruchtzucker u. a. Zuckeraustauschstoffe); Süßstoffe

vollwert – voll gut: die vorteile

Vollwert-Ernährung legt Wert auf Qualität. Qualität ist allerdings ein sehr dehnbarer Begriff, der durchaus die unterschiedlichsten Vorstellungen beinhaltet.

Die jeweilige Bedeutung und das Gewicht, welche die einzelnen Aspekte für Sie haben – oder auch nicht, beeinflussen dann die Entscheidungen für oder wider ein Produkt. Die Vollwert-Ernährung bewertet vor allem die gesundheitlichen, ökologischen, regionalen, saisonalen und sozialen Aspekte höher als es in der Durchschnittsernährung geschieht.

Worauf legen Sie Wert?

Ich esse vorwiegend pflanzliche Lebensmittel. Fleisch und Eier kommen jeweils nur 1–2x pro Woche auf den Tisch.	☐ ja	☐ nein	➢ Seite 17
Fertigprodukte bzw. stark verarbeitete Lebensmittel verwende ich nur selten.	☐ ja	☐ nein	➢ Seite 17
Light-Produkte, Vitamintabletten usw. halte ich für überflüssig.	☐ ja	☐ nein	➢ Seite 17
Ich achte darauf, wie die von mir eingekauften Lebensmittel hergestellt wurden.	☐ ja	☐ nein	➢ Seite 19
Artgerechte Tierhaltung ist mir wichtig.	☐ ja	☐ nein	➢ Seite 19
Ich kaufe vorwiegend Mehrwegverpackungen.	☐ ja	☐ nein	➢ Seite 19
Ich bevorzuge Produkte aus der näheren Umgebung.	☐ ja	☐ nein	➢ Seite 22
Exotische Obst- und Gemüsesorten kaufe ich selten.	☐ ja	☐ nein	➢ Seite 22
Ich kaufe Obst und Gemüse entsprechend der heimischen Saisonzeiten ein.	☐ ja	☐ nein	➢ Seite 23
Ich kenne und verwende Produkte aus Fairem Handel.	☐ ja	☐ nein	➢ Seite 29

Mit jedem „ja" tun Sie sich und der Umwelt einen Gefallen. Die Seitenangaben verweisen auf die Aspekte, die an dieser Stelle etwas ausführlicher erläutert werden.

Gesundheitliche Aspekte

Eine gesundheitsfördernde Ernährung, die gleichzeitig ernährungsbedingten Erkrankungen vorbeugen kann, besteht überwiegend aus pflanzlichen, ballaststoffreichen Lebensmitteln.

prinzip!
Die in der Vollwert-Ernährung verwendeten Lebensmittel sind so wenig wie möglich verarbeitet. Auf diese Weise bleiben die wertvollen Bestandteile des natürlichen Lebensmittels am Besten erhalten.

So zeigen zahlreiche wissenschaftliche Studien, dass vollwertig ernährte Menschen vergleichsweise weniger Probleme mit den so genannten Zivilisationskrankheiten (z. B. Übergewicht, Gicht, Fettstoffwechselstörungen, Bluthochdruck, Diabetes) haben als die Normalbevölkerung. Das ist sicherlich zum Teil auf eine insgesamt gesündere, vielleicht auch stressfreiere Lebensweise zurückzuführen, aber auch der geringere Fleischanteil und die veränderte Fettzusammensetzung durch einen höheren Anteil pflanzlicher Lebensmittel tragen wesentlich zur Gesunderhaltung bei.

Unverarbeitete oder wenig verarbeitete Lebensmittel enthalten einen deutlich höheren Anteil so genannter sekundärer Pflanzenstoffe. Dazu zählen Carotinoide, Flavonoide, Phenole etc. Es sind Stoffe, die verschiedene krankheitsverhütende Wirkungen (antimikrobiell, krebsverhütend etc.) haben, die noch längst nicht alle bekannt sind und die gewünschten Wirkungen wohl auch nur im Zusammenspiel verschiedener Komponenten zeigen, so dass sie später nicht beliebig wieder zugesetzt bzw. zusammengesetzt werden können.

Wichtige Nährstoffe, wie Vitamine, Mineralstoffe, sekundäre Pflanzenstoffe und ungesättigte Fettsäuren, bleiben in der Vollwertküche weitestgehend erhalten. Vollkorngetreide ist beispielsweise reich an Ballaststoffen, deshalb sind Vollkornbrot, Vollkornnudeln und Naturreis empfehlenwerter als die stark verarbeiteten Alternativen. Vollkornmehl kann in der Regel Weißmehl beim Kochen gut ersetzen, besonders gut geeignet ist es für herzhaftes Gebäck wie Pasteten, Pies etc.

Anders sieht es bei stark verarbeiteten Lebensmitteln aus. Die verschiedensten Techniken, Hilfsmittel und Zusatzstoffe sind nötig, um ansehnliche, schmackhafte, haltbare, pflegeleichte Lebensmittelprodukte herzustellen. Bei einem Light-Produkt z. B. wird ein Teil der kalorienliefernden Nährstoffe, beispielsweise Fett z. B. durch Wasser oder industriell hergestellte künstliche Fettersatzstoffe ersetzt. Das klappt nur, wenn sie durch entsprechende Bindemittel oder Emulgatoren und/oder aufwendige technische Verfahren in das Rest-Lebensmittel oder die neue Nährstoffmischung eingebunden werden. Die heute verwendeten Zusatzstoffe müssen alle zugelassen sein und sind deswegen auch nicht gesundheitsschädlich, allerdings ist über das Zusammenwirken der einzelnen Zusatzstoffe und deren Wechselwirkungen mit Umweltgiften oder Arzneimitteln nur wenig bekannt. Dies gilt in noch weitergehendem Ausmaß für die Lebensmittel, die mit Hilfe der Gentechnologie hergestellt werden. Über deren mögliche Langzeitwirkungen ist praktisch noch nichts bekannt.

Gerade auch für Kinder, die in immer stärkerem Maße durch Allergien gefährdet sind, sollte der Grundsatz „so wenig Zusatzstoffe wie möglich" unbedingt gelten, dies gilt vor allem für Zusatzstoffe wie Farbstoffe (speziell künstliche Azo-Farbstoffe), künstliche (oder naturidentische) Aromen sowie Süßstoffe.

Anreicherungen mit den bei der Verarbeitung verloren gegangenen Vitaminen oder mit Eisen sind heutzutage speziell bei Getreideprodukten (Cornflakes etc.) schon längst an der Tagesordnung; neu im Trend ist der Einsatz sekundärer Pflanzenstoffe. Im Übrigen orientieren sich die meisten Anreicherungen auch nicht am tatsächlichen Bedarf des Menschen. Wie ließe es sich sonst erklären, dass Kinder mit nur einigen wenigen Kinderlebensmitteln am Tag mit Vitamin B_1 bereits 3,9-fach und mit Vitamin C zu mehr als 230 % überversorgt sind?

Sekundäre Pflanzenstoffe in Tablettenform gehören übrigens zu den ganz besonders fragwürdigen Nahrungsergänzungsmitteln. Hier werden einzelne Stoffe (z. B. Allicin aus Knoblauch, Lykopin aus Tomaten, Carotin aus Möhren) isoliert verwendet, ohne die Gesamtzusammensetzung der jeweiligen Frucht und das Zusammenspiel mit anderen Stoffen im jeweiligen Lebensmittel zu sehen. Möglicherweise sind sogar erst Kombinationen verschiedener Obst- und Gemüsesorten richtig wirksam. Hier besteht noch bedeutender Forschungsbedarf. Hightech-Tabletten haben mit normalen Lebensmitteln nichts mehr gemeinsam.

Gesund heißt, die Lebensmittel so natürlich und ursprünglich wie möglich zu verwenden.

Auch so genannte „Funktionelle Lebensmittel" mit speziellem Gesundheitsnutzen (z. B. Probiotischer Joghurt, ACE-Säfte) können nicht den Vollwert eines naturbelassenen frischen Lebensmittels erreichen, es sind immer nur mit (angeblich) gesundheitsfördernden Inhaltsstoffen aufgewertete Produkte, zusätzlich häufig reichlich mit Zucker, Aromen und weiteren Zusatzstoffen versehen. Lassen Sie sich nicht verwirren – der Begriff „Gesundheit" wird in der Werbung für derartige Lebensmittel meist reichlich überstrapaziert!

Ökologische Aspekte

Durch eine bewusste Ernährung, d. h., die gezielte Auswahl umweltfreundlich erzeugter, verarbeiteter, verpackter und vermarkteter Lebensmittel können wir zur Schonung unserer Umwelt beitragen. Alle diese Kriterien erfüllen Lebensmittel aus dem ökologischem Landbau.

prinzip!
Die Vollwert-Ernährung berücksichtigt die Einflussmöglichkeiten unserer Lebensmittelerzeugung auf die Umwelt und empfiehlt Lebensmittel aus dem ökologischen Landbau.

Wichtige Kennzeichen des ökologischen Landbaus sind:

- Verzicht auf chemisch-synthetische Pflanzenschutz- und Düngemittel
- Erhalt bzw. Steigerung der Bodenfruchtbarkeit
- Vielfältige Fruchtfolgen
- Artgerechte Tierhaltung

Außerdem können Sie sicher sein, dass diese Lebensmittel weder „gentechnisch produziert", noch im Labor „food designt" oder zur Haltbarmachung „bestrahlt" wurden, drei Verfahren, die die Vollwert-Ernährung ablehnt.

Öko-Produkte sind übrigens nicht nur in Bioläden oder auf Wochenmärkten zu finden, nahezu jeder Supermarkt und sogar Discounter bieten inzwischen Lebensmittel aus ökologischem Landbau an.

Ökologisch heißt, auf Lebensmittel gemäß EU-Öko-Verordnung zu achten, Fleisch und Eier aus artgerechter Tierhaltung zu kaufen und Lebensmittel mit wenig Verpackung zu bevorzugen. Einkaufshilfen sind die entsprechenden Prüfzeichen.

Lebensmittel aus ökologischer Produktion sind entsprechend der EU-Öko-Verordnung hergestellt bzw. entsprechen den Erzeugungsrichtlinien der anerkannten Öko-Verbände, welche sich im Bund Ökologische Lebensmittelwirtschaft (BÖLW) zusammengeschlossen haben. In der nebenstehenden Tabelle sind die wichtigsten Kennzeichen für Öko-Lebensmittel dargestellt.

Die EU-Öko-Verordnung wurde im Herbst 1999 um den Bereich der tierischen Erzeugung erweitert.

Vollwertig essen heißt für immer mehr Menschen, gleichzeitig auch vegetarisch zu leben, d.h. nur pflanzliche Lebensmittel und Lebensmittel vom lebenden Tier zu essen. Wer sicher sein will, dass die gekauften Produkte keine Zutaten von getöteten Tieren enthalten, kann beim Kauf auf das V-Label achten. Der Zeichen-Zusatz "vegan" garantiert auch das Fehlen von Eiern, Milch und Milchprodukten. Informationen unter www.V-Label.de.

Unter ökologischen Aspekten sind Verpackungen ein Problem, sie verbrauchen Rohstoffe und Energie und lassen unsere Müllberge weiter wachsen. Beim Einkauf kann man gut darauf verzichten. Manche Lebensmittel müssen gar nicht verpackt werden, andere können mit umweltschonenden Materialien geschützt sein. Als Faustregel gilt: Unverpackt vor verpackt, Mehrweg vor Einweg, umweltfreundliche Einwegverpackung vor umweltbelastender.

Kennzeichen für Bio- und Öko-Lebensmittel

Kontaktadresse:
Informationsstelle Bio-Siegel
bei der ÖPZ GmbH
Godesberger Allee 125-127
53175 Bonn
Tel. 0228-53689-0
Fax 0228-53689-29
E-Mail: info@bio-siegel.de
Internet: www.bio-siegel.de

Kontaktadresse:
Bund Ökologischer Lebensmittelwirtschaft (BÖLW e.V.)
Marienstraße 19-20, 10117 Berlin
Tel. 030-28482-300, Fax 030-28482-309
E-Mail: info@boelw.de, Internet: www.boelw.de

Regionale Aspekte

prinzip!
In der Vollwert-Ernährung werden Lebensmittel aus heimischen Regionen bevorzugt. Auf diese Weise werden lange Transportwege vermieden.

Äpfel aus Neuseeland werden über 23.000 km weit per Schiff nach Deutschland geliefert. Erdbeeren aus Israel werden wegen der leichten Verderblichkeit per Flugzeug transportiert, dabei werden pro kg Beeren 1,3 Liter Kerosin verbraucht und 3,2 kg CO_2 (Kohlendioxid) gebildet. Die Energiebilanz von Flugzeugtransporten ist noch erheblich schlechter als die von Schiffen oder großen LKWs. Entscheidende Nachteile einer schlechten Energiebilanz sind der hohe Verbrauch fossiler Energien und der damit verbundene Kohlendioxidausstoß. CO_2 trägt zu mehr als 50 % zum Treibhauseffekt mit globaler Erwärmung und Klimaveränderungen bei. Pro Frachtkilometer und Tonne wird beim Fliegen 10-mal mehr CO_2 produziert als mit einem modernen LKW und 16-mal mehr als mit der Eisenbahn. Aber auch wer weite Strecken zum Einkaufen fährt, verbraucht unnötig viel Energie und belastet die Umwelt.

Nicht nur Obst und Gemüse werden über lange Strecken transportiert. Beispielsweise werden Krabben aus der Nordsee in Polen oder Marokko ausgelöst, da dort die Löhne und Sozialstandards niedriger sind, und dann zur Weiterverarbeitung zurückgebracht. Auch Mineralwasser oder Milch müssen nicht aus dem Schwarzwald nach Schleswig-Holstein gebracht werden – regionale Quellen sind sinnvoller.

Regional heißt, die Lebensmittel werden möglichst nah am Einkaufsort erzeugt.

Auf langen Transporten müssen Lebensmittel gekühlt, aufwendig verpackt oder durch chemische Stoffe geschützt bzw. konserviert werden. Das verursacht zusätzlichen Energieaufwand und verschlechtert in der Regel die Qualität der Lebensmittel. Obst und Gemüse wird meist vor der Reife geerntet, um lange Transporte zu überstehen.

Lebensmittel aus der Region zu bevorzugen, bedeutet dagegen kurze Transportwege, weniger Verkehr und Lärm, weniger Energieverbrauch und Verpackung oder Konservierung.

Die Produkte haben eine höhere Qualität, sind frischer und schmecken besser. Gleichzeitig werden die heimischen Landwirte unterstützt sowie Kulturlandschaft und Infrastruktur in ländlichen Räumen erhalten. Vor allem sind die Lebensmittel nicht mehr anonym, Sie kennen die Herkunft und können möglicherweise sogar die Herstellungsbetriebe besichtigen.

Saisonale Aspekte

Außerhalb ihrer Saison gewachsene bzw. geerntete Pflanzen werden mit einem sehr großen Energieaufwand in Treibhäusern herangezogen oder aus weit enfernten Ländern importiert. Häufig sind damit Qualitätseinbußen verbunden: Wegen des Fehlens optimaler Sonneneinstrahlung bzw. weil unreif geerntet, ist der Geschmack oft nicht so gut, außerdem können die Gehalte an sekundären Pflanzenstoffen deutlich geringer sein.

prinzip!
Jedes Obst und jedes Gemüse hat seine natürliche Wachstumszeit, seinen optimalen Erntezeitpunkt. Die Vollwert-Ernährung berücksichtigt die natürlichen Saisonzeiten.

Kennen Sie (noch) das Warten auf die ersten Erdbeeren, den ersten Spargel? Freuen Sie sich auf den ersten Frost, nach dem der Grünkohl erst richtig schmeckt? Diese Freude wird flacher, wenn schon im Februar geschmacklose spanische Erdbeeren probiert oder zu Weihnachten frische Bohnen aus Kenia serviert werden. Durch das Ausnutzen von Saisonzeiten und den Verzicht auf Obst und Gemüse „zur Unzeit" (z. B. Treibhaustomaten im April) können Sie übrigens viel Geld einsparen und für teurere Bioprodukte oder solche aus Fairem Handel ausgeben.

Saisonal heißt, Obst und Gemüse zum natürlichen Erntezeitpunkt zu genießen und nach Möglichkeit auf Treibhaus- oder Einfuhrware zu verzichten.

Es ist übrigens erstaunlich, wie viele verschiedene Gemüse wir auch im Winter zur Auswahl haben. Und wenn es im Winter mit frischem Obst eher hapert, können Säfte, Trockenobst oder ab und an Zitrusfrüchte überbrücken helfen.

Wann welche Obst- und Gemüsesorten Saison haben, zeigen die Obst- und Gemüsekalender auf den folgenden Seiten.

Gemüse à la Saison

Januar	Februar	März	April	Mai	Juni
Feldsalat	Feldsalat	Brennessel	Brennessel	Brennessel	Blumenkohl
Grünkohl	Grünkohl	Feldsalat	Löwenzahn	Gartensalate	Bohnen, dicke
Pastinaken	Löwenzahn	Grünkohl	Sauerampfer	Löwenzahn	Bohnen, Garten-
Porree	Pastinaken	Löwenzahn	Sauerkraut	Mangold	Brennessel
Rosenkohl	Porree	Pastinaken	Spargel	Radieschen	Brokkoli
Rotkohl	Rosenkohl	Porree	Spinat	Rettich	Erbsen
Sauerkraut	Rotkohl	Sauerampfer	Sprossen	Rübstiel	Gartensalate
Schwarzwurzeln	Sauerkraut	Sauerkraut		Spargel	Kohlrabi
Sellerie, Knollen-	Schwarzwurzeln	Sprossen		Spinat	Mangold
Sprossen	Sellerie, Knollen-	Wurzelpetersilie		Weiße Rübe	Möhren
Steckrübe	Sprossen			Weißkohl	Porree
Weißkohl	Steckrübe			Wirsing	Radieschen
Wirsing	Weißkohl			Zucchini	Rettich
Wurzelpetersilie	Wirsing			Zwiebeln	Rübstiel
	Wurzelpetersilie				Spargel
					Spinat
					Weiße Rübe
					Weißkohl
					Wildpilze
					Wirsing
					Zucchini
					Zwiebeln

Juli

- Blumenkohl
- Bohnen, dicke
- Bohnen, Garten-
- Brokkoli
- Endivien
- Erbsen
- Garten-salate
- Gurken
- Kohlrabi
- Mangold
- Möhren
- Porree
- Radieschen
- Rettich
- Rotkohl
- Sellerie, Stauden-
- Spinat
- Tomaten
- Wildpilze
- Zucchini
- Zwiebeln

August

- Blumenkohl
- Bohnen, dicke
- Bohnen, Garten-
- Brokkoli
- Endivien
- Erbsen
- Fenchel
- Garten-salate
- Gurken
- Kohlrabi
- Kürbis
- Mais
- Mangold
- Möhren
- Porree
- Radieschen
- Rettich
- Rotkohl
- Sellerie, Stauden-
- Spinat
- Tomaten
- Wildpilze
- Zucchini
- Zwiebeln

September

- Blumenkohl
- Bohnen, Garten-
- Brokkoli
- Chinakohl
- Endivien
- Feldsalat
- Fenchel
- Garten-salate
- Gurken
- Kohlrabi
- Kürbis
- Mais
- Mangold
- Möhren
- Porree
- Radieschen
- Rettich
- Rosenkohl
- Rote Bete
- Rotkohl
- Sellerie, Knollen-
- Sellerie, Stauden-
- Spinat
- Steckrübe
- Tomaten
- Weißkohl
- Wildpilze
- Wurzel-petersilie
- Zucchini
- Zwiebeln

Oktober

- Blumenkohl
- Brokkoli
- Chinakohl
- Endivien
- Feldsalat
- Fenchel
- Garten-salate
- Gurken
- Kohlrabi
- Kürbis
- Mais
- Möhren
- Pastinaken
- Porree
- Radieschen
- Rettich
- Rosenkohl
- Rote Bete
- Rotkohl
- Rübstiel
- Schwarz-wurzeln
- Sellerie, Knollen-
- Sellerie, Stauden-
- Spinat
- Steckrübe
- Tomaten
- Weiße Rübe
- Weißkohl
- Wildpilze
- Wirsing
- Wurzel-petersilie
- Zucchini
- Zwiebeln

November

- Blumenkohl
- Brokkoli
- Chinakohl
- Endivien
- Feldsalat
- Fenchel
- Kürbis
- Möhren
- Pastinaken
- Porree
- Rosenkohl
- Rote Bete
- Rotkohl
- Rübstiel
- Schwarz-wurzeln
- Sellerie, Knollen-
- Sprossen
- Steckrübe
- Weiße Rübe
- Weißkohl
- Wirsing
- Wurzel-petersilie

Dezember

- Feldsalat
- Grünkohl
- Pastinaken
- Rosenkohl
- Sauerkraut
- Schwarz-wurzeln
- Sprossen
- Sellerie, Knollen-
- Steckrübe
- Weiße Rübe
- Weißkohl
- Wirsing
- Wurzel-petersilie

Obst à la Saison

Januar	Februar	März	April	Mai	Juni
Äpfel Birnen Trocken-obst	Äpfel Birnen Trocken-obst	Äpfel Birnen Trocken-obst	Äpfel Rhabarber Trocken-obst	Erdbeeren Kirschen, Süß- Rhabarber Stachel-beeren	Erdbeeren Holunder-blüten Johannis-beeren, rot, schw., weiß Kirschen, Sauer-, Süß- Pflaumen Rhabarber Stachel-beeren

Juli

- Birnen
- Brombeeren
- Erdbeeren
- Heidelbeeren
- Himbeeren
- Holunderblüten
- Johannisbeeren, rot, schw., weiß
- Jostabeeren
- Kirschen, Sauer-, Süß-
- Mirabellen
- Nektarinen
- Pfirsiche
- Pflaumen
- Renekloden
- Stachelbeeren
- Walnüsse
- Zwetschen

August

- Äpfel
- Birnen
- Brombeeren
- Erdbeeren
- Haselnüsse
- Heidelbeeren
- Himbeeren
- Holunderbeeren
- Johannisbeeren, rot, schw., weiß
- Jostabeeren
- Kirschen, Sauer-
- Mirabellen
- Nektarinen
- Pfirsiche
- Pflaumen
- Preiselbeeren
- Nektarinen
- Stachelbeeren
- Vogelbeeren
- Zwetschen

September

- Äpfel
- Birnen
- Brombeeren
- Erdbeeren
- Esskastanien
- Hagebutten
- Haselnüsse
- Heidelbeeren
- Himbeeren
- Holunderbeeren
- Johannisbeeren, rot, schw., weiß
- Mirabellen
- Nektarinen
- Pfirsiche
- Pflaumen
- Preiselbeeren
- Quitten
- Sanddornbeeren
- Stachelbeeren
- Vogelbeeren
- Walnüsse
- Trauben
- Zwetschen

Oktober

- Äpfel
- Birnen
- Brombeeren
- Esskastanien
- Hagebutten
- Haselnüsse
- Heidelbeeren
- Himbeeren
- Holunderbeeren
- Johannisbeeren, rot
- Mirabellen
- Pflaumen
- Preiselbeeren
- Quitten
- Sanddornbeeren
- Schlehen
- Vogelbeeren
- Walnüsse
- Trauben
- Zwetschen

November

- Äpfel
- Birnen
- Esskastanien
- Hagebutten
- Quitten
- Sanddornbeeren
- Schlehen
- Walnüsse

Dezember

- Äpfel
- Birnen
- Esskastanien
- Sanddornbeeren
- Schlehen
- Walnüsse
- Trockenobst

Soziale Aspekte

prinzip!
Die Vollwert-Ernährung fördert die heimische Landwirtschaft bei uns und den fairen Handel mit Entwicklungsländern.

Neben der reinen Lebensmittelproduktion erfüllt die Landwirtschaft bei uns noch viele andere Funktionen. So prägt sie unser Landschaftsbild, vermittelt Freizeitmöglichkeiten, bietet Arbeitsplätze in der Region u. a. m. Unsere ländlichen Strukturen sind Teil unserer kulturellen Vielfalt. Durch den Kauf regionaler Lebensmittel können Sie zu ihrem Erhalt beitragen.

Lebensmittel aus direkter Quelle erhalten Sie beim Bauern, auf Bauern- oder Wochenmärkten oder auch im Lebensmittel-Einzelhandel.

Viele unserer Lebensmittel, speziell die Genussmittel, wie Kaffee, Tee oder Kakao sowie Gewürze und Rohrzucker, kommen aus Entwicklungsländern. Der Kauf von Lebensmitteln aus Entwicklungsländern bedeutet:

- Die Förderung kleinbäuerlicher Erzeugergemeinschaften zur Ausschaltung von Zwischenhandel und Spekulanten.
- Die Garantie fairer, mindestens kostendeckender Preise mit langfristigen Abnahmemengen für die Erzeuger.
- Die Beachtung von internationalen Arbeitsschutzrichtlinien, z. B. Verbot von Kinderarbeit.
- Die Garantie sozialer Mindeststandards, z. B. Alterssicherung, Schulausbildung der Kinder, Verbesserung der medizinischen Versorgung.
- Die Förderung umweltverträglicher Anbausysteme. Gut 40 % der fair gehandelten Lebensmittel sind Bioprodukte.

Sozial heißt, beim Einkauf darauf zu achten, Lebensmittel vom Erzeuger oder aus Fairem Handel zu bekommen.

Verschiedene Organisationen unterstützen seit vielen Jahren den Fairen Handel mit Lebensmitteln. Die Siegel der Organisationen sind nachfolgend abgebildet. Die Organisationen stellen sicher, dass den Produzenten existenzsichernde Preise für ihre Ware gezahlt werden und ein Mindestmaß an sozialer Sicherung vor Ort gegeben ist.

Neben Kaffee, Tee und Kakao werden Honig, Bananen, Orangensaft, Gewürze, Zucker, Trockenfrüchte sowie Schokolade und Süßigkeiten angeboten.

Fair gehandelte Lebensmittel erhalten Sie in Supermärkten, Weltläden, Naturkostläden, Reformhäusern und über den Versandhandel.

süßes in der vollwertküche

Über Süßes lässt sich auch in der Vollwertküche trefflich streiten. In der Vollwert-Ernährung gilt Süßes als Genussmittel. Empfehlenswert sind Frischobst, ungeschwefeltes Trockenobst sowie kalt geschleuderter Honig, und alles in sehr kleinen Mengen.

Wir empfehlen Ihnen, die bei uns heute meist überhöhte persönliche Geschmacksschwelle für süß langsam zu reduzieren, indem die eingesetzten Mengen an Süßmachern verringert werden.

Die süße Liebe ist angeboren

Bereits Babys sind durch die leicht süße Muttermilch an den süßen Geschmack gewöhnt. Diese Süße zusammen mit der beim Trinken empfundenen Geborgenheit mag wie ein „Grundstein" sein, dass noch im Erwachsenenalter häufig Trost in Süßem bzw. Süßigkeiten gesucht wird. Dies wird mindestens noch dadurch verstärkt, dass industriell hergestellte Babynahrung häufig recht hohe Zuckermengen enthält, selbst Gemüsebreie bleiben davon nicht verschont. Grund dafür ist weniger der Süßbedarf der Kleinen, als der Appell an den Gaumen der Mutter. Die Kinder bekommen nur, was auch Muttern schmeckt! So gewöhnen sich kleine Kinder schon früh an einen ausgeprägten süßen Geschmack. Spezielle Kinderlebensmittel sind gegenüber „erwachsenen" Lebensmitteln häufig deutlich süßer. Klar, dass sie den Kindern dann besser schmecken. Selbst wenn nicht immer Zucker enthalten ist, kann auch die Verwendung von (nicht kariogenen) Süßstoffen die Geschmacksschwelle für „süß" immer weiter hinaufschrauben, mit Konsequenzen für das Leben als Erwachsene/r!

Der menschliche Körper braucht keinen Zucker, auch wenn die Werbung uns das immer wieder weismachen will. Tatsächlich könnten naturbelassene Lebensmittel wie Gemüse,

Hülsenfrüchte und Getreide bereits alle erforderliche Energie in Form von länger sättigenden Kohlenhydraten liefern. Aus diesen Kohlenhydraten stellt der Körper dann den jeweils benötigten Zucker selber her. Obst enthält mit dem natürlichen Fruchtzucker ebenfalls Kohlenhydrate; dieser Zucker sättigt weniger, liefert aber süßen Genuss. Eine besonders reiche Fruchtzuckerquelle ist Trockenobst.

In der Vollwert-Ernährung werden zum Süßen von Desserts, Kuchen und Keksen möglichst naturbelassene Zutaten eingesetzt: eingeweichtes Trockenobst, (kalt geschleuderter) Honig und (unerhitzte) Fruchtdicksäfte gelten als empfehlenswert, Ahornsirup, Agavendicksaft, Zuckerrübensirup und Vollrohrzucker als eingeschränkt empfehlenswert.

Ernährungsphysiologisch, also vom Nährwert her, liefern diese Alternativen jedoch, mit Ausnahme von Trockenobst, keine Vorteile gegenüber traditionellem Zucker. Vitamine und Mineralstoffe sind kaum mehr enthalten und durch ihre Klebrigkeit sind diese Süßmacher fast noch kariogener. Der Vorteil ist in der weniger intensiven Bearbeitung zu sehen.

Übrigens: Naturbelassener Rohrzucker ist durch die langen Transportwege nicht umweltfreundlicher als der weiße Rübenzucker aus der Region! Ungeachtet dessen, dass der vorwiegend für den Export bestimmte Rohrzucker in seinen Anbauländern wertvolle Anbaufläche für Lebensmittel „verbraucht". Wenn also Zucker, dann solcher aus heimischer Produktion und möglichst aus ökologischem Landbau! Ebenso sind unter ökologischen Gesichtspunkten weder Ahornsirup noch Agavendicksaft (lange Transportwege) Alternativen zu heimischem Zucker.

Süßstoffe (Saccharin, Cyclamat, Aspartat, Thaumatin, Acesulfam-K, Neohesperidin) und Zuckeraustauschstoffe (z. B. Sorbit, Xylit, Maltit) haben als reine Industrieprodukte in der Vollwertküche nichts zu suchen.

Süß, süßer, am süßesten ...
Süßmacher im Vergleich

Süßmacher	Relative Süße zu Zucker
Haushaltszucker	1
Fruchtzucker	1,7
Milchzucker	0,25
Traubenzucker	0,6
Honig	0,9
Trockenfrüchte (55 % Fruchtzucker)	0,5–0,7
Rübensirup	0,6
Ahornsirup	0,7
Zuckeraustauschstoff Sorbit	0,5
Zuckeraustauschstoff Isomalt	0,45
Zuckeraustauschstoff Xylit	1
Süßstoff Saccharin	450–550
Süßstoff Aspartam	200
Süßstoff Acesulfam-K	200
Süßstoff Cyclamat	30–35
Thaumatin	2000–3000
Neohesperidin	400–600

Als wirklich empfehlenswert gelten, wie schon gesagt, nur ein nicht wärmebehandelter Honig sowie ungeschwefeltes Trockenobst. Trockenobst ab und an ist unserer Meinung nach auch pur durchaus eine feine Leckerei für sich. Ein kaltgeschleuderter Honig scheint der Gesundheit förderlicher zu sein als ein wärmebehandelter, ohne dass die dafür verantwortlichen Stoffe bekannt sind. Diese kommen aber natürlich nicht zum Tragen, wenn dieser teure, kalt geschleuderte Honig zum Backen oder Kochen verwendet wird und weit über 100 °C erhitzt wird. Auch hier kommt es also auf die zweckmäßige Anwendung an.

Zusammengefasst: Hinsichtlich des Nährwerts ist es ziemlich egal, ob Honig, Zucker oder Fruchtdicksaft verwendet werden, unterschiedlich ist nur der industrielle Aufwand zur Herstellung. Zucker süßt stärker, deswegen benötigt man geringere Mengen davon. Honig hat einen starken Eigengeschmack, der nicht jedermanns Sache ist. Grundsätzlich ist es günstig, die verwendeten Mengen insgesamt zu verringern bzw. gering zu halten. Z. B. kann in vielen Kuchenrezepten die Zuckermenge deutlich reduziert, oft sogar halbiert werden, ohne dass es zu geschmacklichen Einbußen kommt.

Und so halten wir es auch in unseren Rezepten: Sie können sowohl Zucker als auch Honig verwenden. Die Mengen sind gegenüber konventionellen Rezepten stark verringert.

Unabhängig davon gibt es einige Küchentricks, mit denen man ohne Geschmacksverlust die Zuckermengen beschränken kann:

- Speisen süßen, solange sie heiß sind, da sich der Zucker besser löst und gleichmäßiger verteilt.
- Säurehaltige Speisen (Obstkompott o. Ä.) immer erst nach dem Kochen süßen (sie sollten aber noch heiß sein). Durch die Säure verringert sich beim Kochen die Süßkraft des Zuckers, es würde für die gleiche Süße mehr Zucker benötigt.
- Eine kleine Prise (Jod)Salz als zusätzliches Gewürz wirkt wie ein Süßeverstärker und rundet den Geschmack ab.

vollwert-ernährung in der praxis

In unserer Vollwertküche gilt selbstverständlich, dass alle Lebensmittel so nährstoffschonend und fettsparend wie möglich zubereitet werden. Auch wenn viele andere Vollwert-Kochbücher die Gerichte mit reichlich Butter oder Sahne anrichten, sollten Sie doch auf einen sparsamen Umgang gerade mit tierischen Fetten achten. Bei unseren Rezepten haben wir deshalb die Fettmengen meist bewusst knapp gehalten, ohne dass der Geschmack darunter leidet.

Das Einkaufen

Vor der Zubereitung steht natürlich zunächst das Einkaufen. Neben der grundsätzlichen Auswahl der Lebensmittel (➢ Seite 12) stehen gesundheitliche, ökologische, regionale, saisonale und soziale Kriterien (➢ Seite 16 ff.) – je nachdem, was für Sie umsetzbar ist – und ein möglichst abfallarmes Einkaufen. Also Einkaufskorb mitnehmen und lose Ware bei Obst und Gemüse bevorzugen. Wenn Sie sich als Fortgeschrittene empfinden, können Sie selbst für eine angemessene Verpackung sorgen und zum Einkauf mitnehmen: z. B. die Aufschnittdose für den Käse, ein fest schließendes Töpfchen für eine Salatspezialität oder für eingelegte Oliven, die Eierpackung, einen Brotbeutel für Brot oder frische Brötchen usw. Derartige Behälter dürfen aus hygienischen Gründen nicht hinter der Verkaufstheke gefüllt werden, die abgewogene Ware kann jedoch auf der Theke in die mitgebrachten Gefäße verpackt werden. Ihr Vorteil: Sie müssen zu Hause nicht mehr umpacken, die Ware ist von Anfang an optimal verpackt und Sie haben der Umwelt eine ganze Menge Verpackungsmaterial erspart.

Frische Lebensmittel aus der Region und der Saison, wie Obst, Gemüse, Eier, Kartoffeln, Brot und Käse, können Sie auch regelmäßig über so genannte Gemüse-Abos beziehen. Einmal pro Woche oder alle zwei Wochen wird Ihnen alles ins Haus geliefert, individuelle Wege zum Einkauf aufs Land entfallen. Seit Mitte 1999 gibt es in Bioläden die „Greenbag", ein spezielles Gemüse-Abo für Selbstabholer/innen. Erkundigen Sie sich in Ihrem Bioladen oder wenden Sie sich an die BÖLW (Kontaktadresse ➢ Seite 21).

Für den monatlichen Großeinkauf von Vorratsware, Getränkekisten etc. bieten sich übrigens auch Fahrgemeinschaften an. Warum nicht mit der/dem Nachbarn/in gemeinsam die Geschäfte abklappern?

Selbstverständlich sollte auch die Kompostierung von Küchenabfällen für Gartenbesitzer/innen oder die Entsorgung mittels Biotonne für alle Nicht-Gärtner/innen sein. Informationen hierzu bekommen Sie bei den örtlichen Umweltberatern und -beraterinnen Ihrer Verbraucher-Zentrale, den Stadtverwaltungen oder den Entsorgungsbetrieben.

Die Vor- und Zubereitung

Bei der Zubereitung stehen frische Lebensmittel im Vordergrund. Die bevorzugten Techniken sind solche, die das Lebensmittel weder auslaugen (also Nährstoffe ausspülen wie Garen in viel Wasser), noch zu stark erhitzen oder zu starke Röststoffe produzieren (langes Braten). Die schonendste Zubereitung ist die rein mechanische Bearbeitung (schneiden, raspeln etc.). Ein Schälen von Obst und Gemüse führt zu einem Verlust an Vitaminen, Mineralstoffen und den wichtigen sekundären Pflanzenstoffen, die oft knapp in und unter der Schale sitzen. Ein großer Teil der außen haftenden Schadstoffe kann durch gründliches Waschen (mit warmem Wasser) und gutes Abreiben vor dem Zerkleinern entfernt werden. Bei Ökoprodukten reicht normales Waschen aus.

Lieber heiß gegessen als roh genossen?

Dämpfen und Dünsten sind für alle zarteren Nahrungsmittel (Kartoffeln, Gemüse, Fisch, Kalbs- und Geflügelfleisch) gut geeignet und in der Regel auch gut verdaulich.

Neben dem bei diesen Gartechniken besonders ausgeprägten Eigengeschmack der Lebensmittel kann man durch Schmoren, Grillen oder Braten appetitanregende Geruchs- und Geschmacksstoffe, die Röststoffe, erzeugen. Diese werden allerdings nicht immer vertragen. Zum Grillen sind neben

Fleisch und Fisch Gemüse wie Tomaten, Maiskolben, Champignons, Zwiebeln oder Zucchini und natürlich Kartoffeln besonders geeignet.

Garen im Tontopf benötigt etwas längere Garzeiten. Dafür entfällt jedoch eine Überwachung, da nichts anbrennen oder überlaufen kann. Der Eigengeschmack der Speisen entwickelt sich hier besonders gut. Der Römertopf ist auch für salzarme Kost gut geeignet.

Warmhalten ist immer schlecht! Besser schnell abkühlen lassen und später kurz wieder aufwärmen. Um Fett zu sparen, bietet sich zum Wiedererwärmen neben der Mikrowelle auch das heiße Wasserbad an. Der Backofen würde zu viel Energie benötigen.

Beim Backen von Kuchen, Keksen und Brot lässt sich, bei gleich gutem Backergebnis, übrigens eine Menge Energie sparen, wenn man den vorbereiteten Teig in den kalten Backofen stellt. Am besten geeignet sind dafür Rühr-, Hefe-, Quark-Öl- und Mürbeteige. Bei Biskuit-, Brand- und Blätterteig hängt die Güte des Backergebnisses vom jeweiligen Rezept ab, da diese Teigarten am liebsten eine gleich bleibende Hitze haben. Probieren Sie es einfach 'mal aus, wenn Sie das Rezept schon kennen. Und wenn Sie Backwaren eher „vergolden" als kross backen, vermeiden Sie, dass sich schädliches Acrylamid bildet.

Bei unseren Rezepten wird praktisch alles in den kalten Backofen geschoben, jeweilige Energieeinsparung: ca. 25 %.

Richtig(es) Fett?

Essen Sie möglichst fettarm. Bezogen auf die praktische Vollwertküche heißt dies vor allem, auf die Menge, auf die Qualität und auf die Eignung der verschiedenen Fette zu achten. Eine Übersicht über den Bedarf an Fett und Fettsäuren finden Sie auf Seite 226 f. Hier wollen wir einen kurzen Überblick über die Eignung in der Küche und bei der Zubereitung geben.

Optimal ist übrigens ein Wechseln zwischen verschiedenen Ölsorten, z. B. zwischen Olivenöl (einfach ungesättigte Fettsäuren) und Maiskeimöl (mehrfach ungesättigte Fettsäuren), oder Walnussöl (einfach ungesättigte Fettsäuren) und Sonnenblumenöl (mehrfach ungesättigte Fettsäuren). Da teure kalt gepresste Öle oft nur in großen Flaschen zu haben sind, die Haltbarkeit aber nur ca. 8–12 Wochen (im Kühlschrank) beträgt, überlegen Sie doch, ob Sie diese Mengen nicht mit Freundinnen oder Nachbarn teilen können.

Fette in der Küche

Verwendung	geeignete Fette
Streichfett	Butter oder ungehärtete Margarine
Salate, Majonäsen, kalte Vorspeisen	Kaltgepresste Speiseöle
Kochen und Backen (i. d. R. nicht über 100 °C)	Butter, ungehärtete Margarine, alle Speiseöle
Braten (130 - 180 °C)	Plattenfette, z. B. Kokosfett Olivenöl, Butterschmalz
Frittieren (max. 175 °C)	Brat- und Frittierfette

Sprossen und Keime

Aus den Samen von Hülsenfrüchten (z. B. Linsen, Kichererbsen, Alfalfa), verschiedenen Gemüsen (z. B. Radieschen, Rettich, Senf), aus Getreidekörnern sowie Leinsamen oder Sonnenblumenkernen lassen sich sehr gut Sprossen (Keimlinge) ziehen, die einen besonders hohen Vitamingehalt haben und im Winter für den nötigen Frischeschub sorgen können.

Die Anzucht ist denkbar einfach: Entweder besorgen Sie sich entsprechende Keimschalen oder Sie probieren es mit unserer Anleitung (➢ Seite 73).

Inzwischen kann man Sprossen verschiedenster Art auch schon fertig kaufen, nur natürlich nie so frisch wie selbst erzeugte. Keimlinge sind eine hochwertige Ergänzung zu Salaten, Gemüsen oder Müsli, schmecken aber auch als Brotbelag.

Neben der schnell geweckten Begeisterung für Sprossen und Keime sollten Sie aber auch die frischen Kräuter nicht vernachlässigen: Kresse, Schnittlauch, Petersilie, Basilikum etc. lassen sich jahreszeitunabhängig auch in Blumentöpfen auf der Küchenfensterbank ziehen und liefern ebenfalls reichlich Vitamine.

Wenig Zeit?

Frische, naturbelassene Lebensmittel wollen natürlich auch geputzt, geschnibbelt, geschnitten, gehobelt oder sonstwie verarbeitet werden. Und das kostet ein wenig mehr Zeit, als einfach eine Konservendose oder ein Paket Tiefkühlkost zu öffnen. Damit es nicht viel mehr Zeit kostet, gibt es eine ganze Zahl von praktischen Küchenhelfern:

- Sparschäler gibt es in unterschiedlichen Ausführungen auch für Linkshänder/innen. Besonders schnell arbeiten Sie mit solchen, bei denen die Klinge quer zum Griff angebracht ist.

- Blitzhacker, also elektrische Zerkleinerer, hacken blitzschnell Kräuter, Nüsse etc. klein.
- Eierschneider sind nicht nur für hart gekochte Eier, sondern auch für Champignons geeignet.
- Die Brotmaschine schneidet nicht nur Brot, Käse etc., sondern scheibelt auch schnell Kartoffeln, Gurken, Zucchini, Paprika etc. Fingerschutz nicht vergessen!
- Ein Handrührgerat mit Schneidstab hilft beim schnellen Rühren, Kneten, steif Schlagen und Pürieren; teilweise sind Vorsätze zum Raspeln, Hobeln und Schneiden erhältlich.
- Eine Küchenmaschine ist eher etwas für den großen Haushalt und größere Verarbeitungsmengen, ideal bei großen Gemüsemengen. Ab und an ist als Zubehör eine Getreidemühle erhältlich.

Auch einige Küchentipps können helfen, Zeit zu sparen. So lässt sich die Haut von Tomaten, Mandeln u. Ä. leicht abziehen, wenn das jeweilige Gut mit kochendem Wasser überbrüht wird und etwa eine Minute lang darin liegen bleibt. Von Haselnüssen lässt sich die Haut leicht abreiben, wenn die Nüsse einige Minuten im heißen Backofen rösteten, auch Paprikahaut ist nach dem Rösten leichter abzuziehen.

Hinweis! Weiteres Wissenswertes über die einzelnen Lebensmittelgruppen in der Vollwert-Ernährung finden Sie jeweils auf einer Seite kurz und knapp zusammengefasst vor dem dazugehörigen Rezeptteil, also Wissenswertes zu Eiern und Hühnerhaltung bei den Eierrezepten, Informationen zur richtigen Lagerung von Gemüse bei den Gemüserezepten.

was heißt vollwertig feiern?

Feste, Familienfeiern und Spontan-Partys à la Vollwert – das geht gut! Vollwertige Rezepte passen für alle festlichen Gelegenheiten. Wir haben in dieser Auflage ein besonderes Augenmerk auf die vollwertigen Schlemmereien bei Feten und Festen gelegt. Neben Essen und Trinken können auch Geschirr, Dekorationen und Möbel nach unseren Kriterien von „Vollwertigkeit" abgeklopft werden.

Das Vollwertbüfett

Ob zum Geburtstag, Jubiläum, Sommerfest oder zur Faschings-Party, Büfetts sind immer eine gute Möglichkeit, Essen und Trinken zu servieren, ohne beim Fest selber noch viel Arbeit zu haben. Viele unserer Gerichte eignen sich gut für ein Vollwertbüffet. Gerade unter diesem Aspekt ist die Palette herzhafter Brotaufstriche (➢ ab Seite 178) deutlich erweitert worden. Der kulinarische Reiz eines solchen Büfetts ist meist viel größer als bei einem „normalen" Büfett, auf dem Sie häufig und überall die gleichen Speisen finden.

Bei der Auswahl von Obst und Gemüse ist die Saison von Bedeutung, auch auf die Regionalität kann geachtet werden. Um Ihnen die Qual der Wahl zu erleichtern, haben wir für Sie schon eine ganze Reihe von Rezepten zusammengestellt, z. B.

das Vierjahreszeiten-Büfett, also geeignete Rezepte für Feste im Frühling, Sommer, Herbst und Winter. Aber es gibt auch weitere interessante Variationen, wie wäre es mit einem Pastabüfett oder einem Kartoffelfest? Unsere Vorschläge finden Sie ab Seite 205.

Für die Planung ist es wichtig, die Mengen richtig zu kalkulieren. Unsere Rezepte geben außer bei Brot und Kuchen immer die Personen- bzw. Portionenzahl an. Für ein Büfett oder eine Party müssen die Mengen je nach Teilnehmerzahl natürlich vergrößert werden – in der Regel eher nicht entsprechend pro Rezept, sondern bezogen auf die gesamten Rezepte, die Sie anbieten wollen. Berücksichtigen Sie, dass deutlich kleinere Mengen von jeder Speise gegessen werden, wenn die Auswahl zum Probieren reizt. Ein sonst für vier Personen gedachtes Rezept kann dann leicht für acht und mehr reichen. Rechnen Sie also nicht zu großzügig. Besser ist es, Sie haben zusätzlich reichlich Brot, Käse und Brotaufstriche. Dann werden garantiert alle satt – und Reste von Brot und Käse lassen sich gut einfrieren. Und noch ein Tipp: Bei den Gewürzen sollten Sie zunächst etwas weniger nehmen und lieber später nachwürzen.

Getränkemärkte sind meist gerne bereit, nicht angebrochene Fässer oder Kästen wieder zurückzunehmen. Achtung: Bewahren Sie den Kassenbon auf! Übrigens gibt es auch Weinflaschen bereits als Pfandflaschen (und aus Öko-Anbau).

Dekorationen

Auch ein Vollwertbüfett lebt von liebevoll angerichteten Platten und Schüsseln. Hübsche und gleichzeitig essbare Dekorationen sind z. B. Tomatenkrönchen, Käsegebäck, Radieschenmäuse oder -röschen, Gurkenfächer, aber auch ausgestochene Käse- oder Paprikafiguren. Gut dekorieren lässt sich auch mit Blüten und Blättern (z. B. Efeuranken, Weinblätter, Herbstlaub etc.).

Anstelle von schnell verwelkenden Schnittblumen können Sie kleine Töpfchen mit blühenden Pflanzen, grüne Rankpflanzen oder Kräutertöpfchen (z. B. Petersilie, Schnittlauch, Basilikum) nehmen. Geben Sie doch jedem Gast beim Abschied ein Töpfchen als langlebige Erinnerung mit!

Papierservietten sind bei größeren Festen meist unumgänglich. Am umweltverträglichsten sind sicherlich weiße (nicht chlorgebleichte) Papierservietten. Diese können anschließend auf dem Komposthaufen oder im Biomüll entsorgt werden.

Anstelle von (großen) Papiertischtüchern lassen sich auch gut bunte oder weiße Bettlaken einsetzen. Diese sind erheblich preisgünstiger als normale Tischtücher und gut zu waschen.

Geschirr

Auch bei Festen und Partys mit vielen Gästen müssen keine Abfallberge anfallen: Geschirr, Besteck und Gläser lassen sich für wenig Geld leihen, häufig gibt es bei der Stadt auch ein Geschirrmobil, fragen Sie in Ihrem Umweltamt nach! Auch können Sie Ihre Gäste bereits in der Einladung darum bitten, dass jede/r Teller und Besteck selber mitbringen möge. Oder ein/e Freund/in ist bereit, aus dem eigenen Fundus auszuhelfen. Oder Sie fragen bei Nachbarn und Freunden nach „polterabendgeeignetem" Geschirr.

Möbel

Gleiches gilt für Tische und Bänke, man muss nicht alles selber haben. In Getränkemärkten ist meist ein günstiges Ausleihen möglich, teilweise werden die Möbel zusammen mit den Getränken sogar angeliefert. Sonst tun Sie sich doch mit den Nachbarn zusammen: Kaufen Sie gemeinsam eine oder zwei Garnituren und wer feiert, benutzt sie. Tische und Bänke werden dann vernünftig ausgenutzt, es hat jede und jeden weniger gekostet und es wurden Ressourcen geschont.

Lärm, Rauch

(Laute) Musik, Lachen und angeregte Unterhaltung können zur Lärmbelästigung geraten. Sagen Sie Nachbarn rechtzeitig

Bescheid, am wenigsten Ärger gibt es natürlich, wenn diese gleich mit eingeladen werden. Spätestens ab 22 Uhr müssen Sie die Lautstärke drosseln, auch wenn Sie die Nachbarn vorher über die geplante Feier informiert haben.

Grillen und die damit verbundene Rauchentwicklung ist in den Sommermonaten grundsätzlich in Maßen erlaubt, allerdings darf kein Nachbar dadurch derart belästigt werden, dass der Qualm in seine Schlafräume dringt o. Ä. Sicherheitshalber sollten Sie sich vorher über die Hausordnung informieren. Mitunter sind spezielle Plätze auf dem Grundstück zum Grillen vorgesehen.

Für ein umweltfreundlicheres Grillen wird übrigens ein Elektrogrill anstelle von Holzkohle empfohlen. Holz, Tannenzapfen, Altpapier u. Ä., sind völlig ungeeignet wegen der dabei entstehenden Schadstoffe, die sich auf dem Grillgut absetzen würden. Wenn es aber doch lieber ein Holzkohlegrill sein soll, sind solche Geräte am geeignetsten, die die Glut seitlich („hochkant") haben, so dass Fett und kleinere Essensteile nicht in die glühenden Kohlen fallen und dort unter Bildung Krebs erregender Substanzen verbrennen können.

die häufigsten fragen zur vollwert-ernährung

Ist die Vollwert-Ernährung mit einer Diät zu vergleichen?

Nein, ganz und gar nicht. Die Vollwert-Ernährung ist eine ganz normale Alltagsernährung für jeden Menschen, der Wert auf besondere Frische, sorgfältige Zubereitung und natürlichen Geschmack legt und gerne ein „gutes Gewissen" beim Genießen hat.

Darf ich zum Frühstück nur noch Müsli, gequetschte Körner oder Frischkornbrei essen?

Nein. Die Vollwert-Ernährung legt zwar großen Wert auf einen höheren Getreideanteil im Essen. Den liefern natürlich seit jeher Brot, Mehl und vor allem früher auch Getreidebreie, ohne dass eigens darüber geredet wird. Müsli und Frischkornbrei haben den Vorteil, aus nicht hitzebehandeltem Getreide hergestellt zu sein, sind also noch besonders „wert"-voll. Wer's nicht mag, bleibt bei Brot oder Brötchen, dann nach Möglichkeit aus Vollkornmehl. Wichtig ist, dass genügend Getreideprodukte gegessen werden. Besser beim Belag, als am Brot sparen! Probieren Sie unsere Brot- und Brötchenrezepte ab Seite 86.

Ein Hinweis: Eine braune Färbung macht noch kein Vollkornbrot aus. Fragen Sie beim Einkauf nach der Zusammensetzung, lassen Sie sich die Inhaltsstoffe und Zutaten benennen oder den so genannten Brotpass zeigen. Nur dann erfahren Sie, ob es auch wirklich ein Vollkornbrot ist.

Ist in der Vollwert-Ernährung Fleisch verpönt?

In der Vollwert-Ernährung darf selbstverständlich auch Fleisch gegessen werden. Übertragen auf Fleisch lauten die Ratschläge: Fleisch sollte aus artgerechter Tierhaltung und möglichst aus der Region stammen. Von der Häufigkeit her reicht es, ein- bis zweimal pro Woche Fleisch zu essen, die Mengen sind insgesamt gering, ein Ratschlag, der vor allem mit Gesunderhaltung zu tun hat. Für die Praxis heißt das: Bei einer Mahlzeit sind Gemüse, Salate, Kartoffeln und Getreide die Hauptsache und Fleisch ist – wenn überhaupt – die Beilage.

Nehme ich ohne Fleisch noch genügend Eiweiß zu mir?

Ja! Wer auf Fleisch ganz verzichten möchte, kann das ohne Probleme tun. In Milch, Jogurt, Käse, Hülsenfrüchten und Getreide ist ausreichend Eiweiß enthalten. Anstelle von Fleisch kann natürlich Fisch gegessen werden. Tipps zum Einkauf von Fisch finden Sie auf Seite 161. Wer allerdings auch auf Milchprodukte völlig verzichten möchte, muss sich schon etwas intensiver mit der Wertigkeit von Lebensmitteln auseinander setzen, um sich auch dann noch rundum vollwertig zu ernähren.

Wird man überhaupt satt bei einer Mahlzeit ohne Fleisch?

Natürlich, auch wenn für viele Zeitgenossen Fleisch ein „Stück Lebenskraft" oder was „Anständiges" zwischen den Zähnen bedeutet, der Teller ohne Fleisch ein „Loch" bekommt, Kartoffeln und Gemüse „nur" Beilagen sind ...
Genau betrachtet entspringt diese Gewichtung der Tradition, dass Fleisch Kernstück einer Mahlzeit ist, zu dem es passende Beilagen gibt. Bei Vollwertgerichten wird anders herum gewichtet: Gemüse, Salate, Kartoffeln und Getreide stellen die Hauptsache und Fleisch wird Beilage. Das hat vor allem mit der Sättigung zu tun: Grundsätzlich sättigen ballaststoffreiche Lebensmittel rationeller und effektiver (d. h. länger anhaltend) als Fleisch: Sie geben dem Magen was zu tun, bei gleichem Kaloriengehalt füllen sie den Magen mehr und zwingen – vor allem als Rohkost – „automatisch" zum besseren Kauen, durch das der Speichelfluss angeregt wird. Kartoffeln, Gemüse, Getreide, Salate erfüllen alle diese Effekte. Dagegen ist der Sättigungseffekt von Fett vergleichsweise kurzfristig und gutes Kauen eher mit zähem Fleisch verknüpft.

Gerichte mit Naturreis und Vollkornnudeln sehen so bräunlich aus und nicht mehr appetitlich?!

Die Farbe ist einfach eine Gewöhnungssache, so sind wir es z. B. gewöhnt, dass Wurst rotfleischig aussehen muss. Die leuchtend rote Farbe, die Wurst aus Skandinavien oft hat, stößt uns eher ab. Die (natürlich) helle Farbe von gegartem Schweinefleisch andererseits wird nur bei wenigen Wurstsorten akzeptiert.

Um ein Gericht appetitlich aussehen zu lassen, kommt es vor allem auf eine farbenfreudige Zusammenstellung an. Gerade nur knapp gegartes Gemüse hat noch seine volle Eigenfarbe und wirkt immer appetitanregend. Braungrüne Konservenerbsen zu weißem Reis sehen nicht schöner aus als frisch gegarte Erbsen zu Naturreis. Wichtig ist allerdings, dass Sie die Getreide nicht übergar kochen, wer mag schon klebrige, weiche Nudeln oder faden, matschigen Reis? Gerade bei den Nudeln gibt es auch sehr unterschiedlich starke Braunfärbungen, wählen Sie die Ihnen angenehmste aus. Oder machen Sie Vollkornnudeln selbst!

Muss ich bei Vollwert-Ernährung auf Kuchen und Süßigkeiten verzichten?

Nein. In der Vollwertküche gibt es süße Desserts und leckere Kuchen. Lassen Sie sich auch von unseren Rezepten inspirieren und lesen Sie im Kapitel „Süßes in der Vollwertküche" einfach mal nach. Dort finden Sie Tipps und Tricks, wie Sie süßen können und trotzdem sparsam mit der Süße bleiben.

Darf ich nur noch Lebensmittel in Öko-Qualität kaufen?

Nein. Die Vollwert-Ernährung basiert in erster Linie auf frischen Lebensmitteln. Diese können Sie auf jedem Wochenmarkt und im Supermarkt um die Ecke kaufen. Idealerweise stammen die Lebensmittel aus ökologischem Landbau. Sie erkennen diese Lebensmittel am Bio-Siegel und an den Zeichen der ökologischen Anbauverbände(➢ Seite 21). Derartig anerkannte Bio-Produkte bekommen Sie vorzugsweise auf Öko-Märkten,in Hof-, Bio- oder Naturkostläden, in Reformhäusern und mittlerweile auch im Supermarkt. Ein Teil der Reformhauswaren ist so stark verarbeitet oder isoliert, dass von Naturbelassenheit und Vollwertigkeit nicht mehr die Rede sein kann, auch wenn sie den „Gesundheitstouch" haben.

Ist Vollwert-Ernährung nicht teurer?

Vollwert-Ernährung ist nicht teurer als eine ganz „normale" Ernährung, allenfalls, wenn Sie ganz konsequent nur noch Lebensmittel aus ökologischem Landbau kaufen. Wenn Sie Saisonzeiten und Angebote nutzen, möglichst keine Fertigprodukte, ein- bis zweimal in der Woche Fleisch- und Wurstwaren essen und sich nur ab und zu in Maßen Alkoholisches und Süßes gönnen, wird sich die Vollwert-Ernährung auf den Geldbeutel nicht schmälernd auswirken. Übrigens gilt auch bei Bioprodukten: je verarbeiteter, desto teurer.

Ist die Vollwert-Ernährung auch für Kinder geeignet?

In jeder Hinsicht! Kinder haben die wenigsten „Umstellungsprobleme", wenn es ihnen schmeckt und sie mitentscheiden können. Sollten Sie doch Probleme haben, Ihren Kindern den Geschmack an Vollwert-Ernährung „von jetzt auf gleich" zu vermitteln, empfehlen wir Ihnen unsere Ratgeber „Bärenstarke Kinderkost" und „Mahlzeit, Kinder!". Hierin finden Sie zahlreiche Hilfen und Rezepte, um Ihr Kind gesund und lecker zu ernähren.

Was ist mit Kaffee, schwarzem Tee, Wein und anderen alkoholischen Getränken? Sind die erlaubt?

Alle diese Getränke zählen zu den Genussmitteln und werden in der Vollwert-Ernährung deswegen eher in Maßen bzw. nur ab und an empfohlen. Prinzipiell ist gegen sie nichts einzuwenden, es sein denn, eine konkrete Krankheit spricht dagegen. Als empfehlenswerte Alternativen gelten Früchte- und Kräutertees sowie Getreidekaffee. Achten Sie beim Einkauf von Kaffee und Tee auf das Siegel für den Fairen Handel, bei Wein und Sekt können Sie auch 'mal die Öko-Variante probieren!

Sind Bio-Produkte wirklich schadstoffärmer?

Diese Frage kann mit ja beantwortet werden, da bei der Produktion auf chemisch-synthetische Pflanzenschutz- und Düngemittel verzichtet wird. Eine genauere Darstellung findet sich unter „Ökologische Aspekte" (➢ Seite 19).

Kostet es nicht viel mehr Zeit, sich vollwertig zu ernähren?

Der Aufwand bei der Zubereitung von frischen Lebensmitteln ist natürlich immer größer im Vergleich zu bereits vorgefertigten oder vorgegarten Produkten. Nicht zuletzt deswegen heißen Letztere, die nur schnell in Mikrowelle oder Backofen geschoben werden müssen, ja auch „Bequemes Essen" (Convenience Food). Anderseits ist bei entsprechender Vorbereitung (Einweichen von Hülsenfrüchten und Getreide) aber auch hier in relativ kurzer Zeit ein Essen auf den Tisch gezaubert. Rohe Salate z. B. sparen die Garzeit für das Gemüse und sind auch noch besonders wertvoll. Der Zeitaufwand beim Einkauf ist nicht höher als grundsätzlich zur Beschaffung bisher ungewohnter Zutaten auch. Aber Sie werden auch hier bald Ihre Einkaufsquellen kennen.

Wer die Vollwertküche *sehr* ernst nimmt, mahlt oder schrotet auch sein Getreide selber. Das kostet natürlich Zeit. Wenn Sie diese nicht haben oder sich nicht nehmen wollen (oder Ihnen eine Getreidemühle zunächst zu teuer ist), können Sie auch „fertiges" Mehl oder Schrot einkaufen.

Darf ich Tiefkühlgemüse verwenden?

Ja – mit einem lachenden und einem weinenden Auge. Tiefkühlgemüse zählt in der Vollwert-Ernährung zur Gruppe „sehr empfehlenswert, aber in Maßen". Aus ernährungsphysiologischen Gründen spricht nichts dagegen, wenn Sie „pures" Gemüse nehmen (nicht fertig zubereitetes) und es wie frisches Gemüse weiter verarbeiten. Die Bedenken beziehen sich auf den ständig notwendigen Energiebedarf für diese Lebensmittel, angefangen bei der Produktion, über die Kühlkette beim Transport bis hin zum Tiefkühlgerät zu Hause.

Ist Vollwertkost kalorienreich?

Die Vollwertküche ist – wie jede andere Küche auch – immer so kalorienreich, wie der Fettanteil in den Rezepten. Wenn mit reichlich Sahne und Butter gekocht wird, dann wird es zwangsläufig kalorienreicher. Wird bei der Zubereitung auf sparsamen Umgang mit Fett geachtet, dann handelt es sich ganz im Gegenteil um eine eher kalorienarme Ernährung, die gleichzeitig sehr gut den Bedürfnissen unserer heutigen, bewegungsarmen Zeit angepasst ist.

Der weitere Vorteil: Der hohe Kohlenhydrat- und Ballaststoffgehalt (aus Getreide und Brot) sättigt sehr gut, so dass es ganz bestimmt keine (neuen) Gewichtsprobleme gibt.

Kann die Vollwert-Ernährung gesundheitliche Probleme hervorrufen?

Die Vollwert-Ernährung ruft keine gesundheitlichen Probleme hervor, vor allem dann nicht, wenn die Umstellung in kleinen Schritten erfolgt.

Je nach dem, wie Sie sich (bisher) ernähren, ist eine langsame Umstellung (ähnlich der Anpassung an eine Luftveränderung) sinnvoll. In der Praxis sollten Sie zunächst einzelne Rezepte ausprobieren und dann langsam immer mehr Regeln berücksichtigen. Also zuerst mehr frisches Obst, Gemüse und Salat essen, Fett einsparen, dann Vollkornprodukte einführen, später weniger Zucker, Fleisch und Wurst essen und zuletzt mehr rohes Getreide oder Müsli etc.

Eine abrupte Umstellung, sozusagen von heute auf morgen, ist unter Umständen beim Feststellen einer ernährungsbedingten Krankheit angesagt, folgen Sie dann den Anweisungen Ihrer Ärztin bzw. Ihres Ernährungsberaters.

Was tun, wenn ich Vollwertiges nicht vertrage?

Geht es mit der Umstellung vor allem auf einen höheren Getreideanteil zu schnell, oder wird zu wenig getrunken (mind. 2 l/Tag), so kann es zunächst zu einem unangenehmen Völlegefühl und/oder zu einer Verstopfung kommen. Hier helfen reichlich trinken, ordentlich Bewegung und im Notfall auch das eine oder andere Hausmittel (Wasser auf nüchternen Magen, Sauerkrautsaft, eingeweichte Trockenpflaumen, etwas Milchzucker). Manch einer leidet vor allem durch die größeren Gemüsemengen zunächst auch unter Blähungen. Dann sollte man auf wenig blähende Gemüse ausweichen (Kohl, Zwiebeln, Hülsenfrüchte meiden) und diese möglicherweise zunächst auch immer leicht garen. Kräuter und Gewürzen, z. B. Kümmel (ganz oder gemahlen), können die Verdauung fördern. Größere Mengen an rohem Gemüse werden dann nur sehr langsam in den Kostplan eingeführt. Wer es gar nicht verträgt, kann zu Beginn zusätzlich auf (verdünnte) Gemüsesäfte zurückgreifen und mehr rohes Obst essen.

Kann ich mich auch bei Erkrankungen von Magen/Darm, Niere, Bauchspeicheldrüse, bei Diabetes Typ I und II oder bei der Einnahme von blutgerinnungshemmenden Medikamenten (Marcumar) vollwertig ernähren?

Keine einzige Krankheit steht der Vollwert-Ernährung entgegen. Sofern spezielle Diäten eingehalten werden müssen bzw. bestimmte Lebensmittel nur eingeschränkt gegessen werden dürfen, sollte dies vorher mit dem behandelnden Arzt und/oder einer Ernährungsberaterin abgestimmt sein. Möglicherweise müssen auch die Medikamentendosierungen der neuen Ernährungsform angepasst werden. Bei Diabetikern und Diabetikerinnen wird häufig weniger Insulin benötigt.

Wie kann ich mich trotz Kantinenessens vollwertig ernähren?

Viele Kantinen bieten vegetarisches Essen oder ein Salatbüfett an, teilweise auch aus Öko-Anbau. In anderen Kantinen können Sie die einzelnen Komponenten des Essens frei wählen. Bevorzugen Sie reichlich Gemüse, am besten auch als Rohkostsalat; sorgen Sie für genügend Sättigung durch Naturreis, Vollkornnudeln und Kartoffeln.

Können Sie keine Vollkornprodukte bekommen, wählen Sie Kartoffeln. Pommes Frites, Bratkartoffeln, Rösti etc. sollten wegen ihres Fettanteils die Ausnahme bleiben. Anhand der Ernährungspyramide (➢ Seite 10) können Sie abends vergleichen, was Ihnen zur ausgewogenen Ernährung noch fehlt. Die fehlenden Komponenten essen Sie dann einfach zuhause oder als Zwischenmahlzeit bei der Arbeit.

Wie erkenne ich ein vollwertiges Restaurant?

Vollwertiges Essen findet sich auch immer häufiger in Restaurants. Allerdings zählen diese eher zur gehobeneren Kategorie. Außerdem gibt es spezielle Vollwert-Restaurants. Diese können Sie im Branchenbuch finden oder Sie fragen in Ihrem Naturkostladen oder Reformhaus nach.

Vegetarische Gerichte sind heute auf fast jeder Speisekarte zu finden, also schon eine erste Ausrichtung. Ansonsten gehen Sie doch ähnlich vor, wie zuvor für Kantinenessen beschrieben. Eine Folienkartoffel, Pellkartoffeln und einen Salatteller bekommen Sie eigentlich überall. Fragen Sie doch, ob Sie dazu einfach nur verschiedene Gemüse bekommen können. Meist ist das kein Problem, auch wenn die Vorschläge ab und an von Ihnen kommen (müssen).

Übrigens, das auf Seite 20 beschriebene „V"-Zeichen darf auch auf Speisekarten (für vegetarische und vegane Gerichte) stehen.

umstellungsempfehlungen

praktische tipps

Für Fortgeschrittene

Ist die Vollwert-Ernährung für Sie kein neues Thema mehr, sondern Sie haben vor allem Interesse an praktischen Anregungen und (neuen) Rezepten? Dann können Sie mit unseren Rezeptvorschlägen weitermachen, sich Anregungen für Vollwertbüfetts herausziehen und haben einige Grundinformationen zum Nachschlagen.

Für Starter/innen

Wie sieht es bei Ihnen aus? Ein Interesse an Vollwert-Ernährung haben Sie sicher, sonst hätten Sie nicht dieses Buch in der Hand. Hat es bisher irgendwie an einem passenden Anstoß gefehlt? Erscheint Ihnen eine Umstellung zu aufwendig und umständlich oder sehen Sie keine Zeit, neue Einkaufsquellen aufzutun? Macht die Familie nicht mit?

Nach unseren Erfahrungen fängt jemand selten ganz bei Null an, wenn mehr Vollwertiges auf den Tisch soll. In jeder Familie gibt es Gerichte und Rezepte, die den Empfehlungen der Vollwert-Ernährung entsprechen, ohne dass sie bisher als solche in Erscheinung traten. Listen Sie doch einmal auf, was in Ihrem Repertoire schon als vollwertig angesehen werden kann. Dafür bieten wir Ihnen die Vorlage auf Seite 16 an. Auch der Check auf Seite 64 wird Ihnen zeigen, dass einiges für Sie eigentlich schon Alltag ist.

Sind Sie entschlossen, mehr Vollwert-Ernährung zu „wagen", dann gehen Sie es eher langsam an; Ihre jetzigen Essweisen und Geschmackspräferenzen haben auch ihre Zeit gebraucht, zur Gewohnheit zu werden. Lassen Sie sich also Zeit bei der Umstellung und beziehen Sie Ihre Familie mit ein. Fangen Sie mit einer Neuerung, die Ihnen leicht erscheint an, bis diese sich eingespielt hat, und gehen dann die Nächste an. Diese Betonung erfolgt aus dem vollen Bewusstsein heraus, dass Gewohnheiten und eingespielte Abläufe Änderungen schwer machen können. Deshalb raten wir zu Geduld und Nachsicht mit sich selbst, bevor Frust oder Unlust dazu führen, dass das „ja doch nicht klappt" oder „keinen Sinn hat".

Nehmen Sie alles nicht zu ernst, wenn manches am Anfang nicht so klappt, wie Sie sich das vorstellen. Gehen Sie nicht zu radikal vor, tasten Sie Ihre Lieblingsgerichte erst einmal nicht an. Unter Garantie wird es Ihnen (und/oder Ihren Lieben) nicht mehr so gut schmecken, wenn Sie einfach den Reis durch Naturreis, die Nudeln durch Vollkornnudeln ersetzen. Probieren Sie lieber ganz Neues aus. Fangen Sie vielleicht mit milden Soßen oder bunten Gemüsegerichten an. Oder mischen Sie anfangs Vollkornnudeln oder Naturreis mit hellen Nudeln bzw. Weißreis. Und für hartnäckige Fleischfans gibt es Fleisch eben dazu, ohne dass extra gekocht werden muss.

Auf einen Blick: Schrittweise Umstellung auf eine gesunde Ernährung

- **mehr frisches Obst, Gemüse und Salat**
- **weniger Fett**
  - geizig sichtbares Fett verwenden
    - dünn Streichfett auf dicke Brotscheiben
    - in wenig Öl braten
  - Vorsicht bei versteckten Fetten
    in Fleisch, Wurst, Käse, Eiern, Sahne, Nüssen, Kuchen und Süßigkeiten
- **mehr Vollkornprodukte**
  - Vollkornbrot, Naturreis, Vollkornnudeln
- **weniger Zucker**
  - weniger süßen
  - seltener oder weniger Süßigkeiten und Kuchen essen
- **weniger tierische Lebensmittel**
  - kleinere Portionen Fleisch und Wurst
- **mehr rohes Getreide**
  - z. B. als Frischkornbrei und Flockenmüsli

Unsere Anregungen in der folgenden Checkliste, sind so gefasst, dass Sie für sich abhaken können „mach ich schon" oder sich vornehmen können, eine Anregung vielleicht schon morgen mal auszuprobieren.

Checkliste: Vollwertbilanz

- Die Fleischmengen werden reduziert (z. B. bei Geschnetzeltem, Hackfleischgerichten, Aufläufen, Eintöpfen, Salaten).
- Fleisch steht seltener auf dem Speiseplan – das Ziel: 1-2mal pro Woche.
- Wenn Fleisch auf den Tisch kommt, dann aus artgerechter Tierhaltung.
- Neue, vollwertige Rezepte werden ausprobiert, z. B. aus diesem Ratgeber.
- Bei immer mehr Gerichten und Kuchen wird Weißmehl durch Vollkornmehl ersetzt.
- Süßmacher und Süßes gibt es weniger und ganz bewusst.
- Zu jeder Mahlzeit gibt es Brot oder Getreideprodukte.
- Die Hälfte des täglichen Gemüses gibt es als Rohkost.
- Jeden Tag gibt es mindestens 2 Stücke Obst zu essen.
- Täglich 2 Liter trinken!
- Weniger Kaffee bzw. Schwarztee, mehr Früchtetees, Wasser u. Ä.
- Fertigprodukte sind nur etwas für den Notfall.
- Selber Sprossen ziehen.
- Müsli und Frischkornbrei im Repertoire.
- Produkte mit dem Bio-Siegel werden bevorzugt.
- Obst und Gemüse kommt aus ökologischem Landbau.
- Gemüse und Obst gibt es zu ihrer Saison.
- Obst und Gemüse wird bei einem Direktvermarkter/Hofladen besorgt.
- Eier stammen von „glücklichen" Hühnern.
- Mineralwasser, Säfte und Bier aus der Region werden bevorzugt und in Pfandflaschen gekauft.
- Beim Einkauf wird auf Produkte aus Fairem Handel geachtet.

Mach ich schon	Vorstellbar	Das geht nicht, weil ...

rezepte, rezepte

rezepte

Die Rezepte sind weiterhin den Lebensmittelgruppen Getreide, Obst, Gemüse, Kartoffeln, Milch und Milchprodukten, Fisch, Eier zugeordnet. Brotaufstriche – pikante und süße –, Dips und Soßen haben eine eigenen Raum erhalten. Wir empfehlen, die jeweiligen Vorab-Informationen zu beachten, bieten diese noch etliche grundsätzliche praktische Hinweise bzw. allgemeine Anmerkungen.

Viele unserer Rezepte halten wir für geeignet und für wert, Gästen zu kredenzen und in Gesellschaft zu genießen. Ab Seite 205 finden Sie unsere Anregungen für die Gestaltung und Komposition verschiedener Büfetts. Um die Vorbereitungen, die Planung und die Umsetzung verschiedener Rezepte überschaubarer zu machen, haben wir die Rezepte dahingehend gekennzeichnet, ob sie gut vorher zubereitet werden können bzw. (auch) einfriertauglich sind.

Legende:

* = kann mindestens einen Tag im Voraus zubereitet werden.

= einfriertauglich

* gilt vor allem für Büfetts, weil die frische Zubereitung immer die beste ist.

Die meisten Rezepte kennzeichnen, für wieviel Personen sie jeweils angelegt sind – in der Regel für 4, 6 oder 8, vor allem bei den Brotaufstrichen auch für 12 und 20 Personen. Natürlich lassen sich die Portionsgrößen beliebig verändern, dann stimmen allerdings die Nährwertangaben nicht mehr.

Wer diese bei den Rezepten vermisst, sei getröstet. Ab Seite 214 finden Sie für jedes Rezept die wichtigsten Mengenangaben, außer denen für die Kalorien, Kohlenhydrate, Ballaststoffe und Fette, die weiter aufgeschlüsselten Werte für Cholesterin sowie für die einfach wie mehrfach ungesättigten und die gesättigten Fettsäuren. Sofern keine Portionen angegeben sind, in erster Linie bei Broten, Kuchen/Gebäck und auch bei eingelegtem Gemüse, geben die Werte die Mengenangaben für das Gesamtwerk wieder – dies wegen individuell sehr unterschiedlicher Backformen, Scheibendicke, Stückgröße ....

HINWEIS! Zwar lässt sich über Geschmack schlecht streiten, trotzdem haben wir das Interesse zu erfahren, was Ihnen besonders gut oder auch gar nicht schmeckt. Dann können wir es vielleicht beim nächsten Mal noch rechter machen. Deshalb haben wir einen kleinen Fragebogen vorbereitet (➢ Seite 235)

Viel Spaß bei der Zubereitung und guten Appetit!

getreide

Die sieben bei uns relevanten Getreidearten sind Weizen, Roggen, Gerste, Hafer, Reis, Mais und Hirse. Dinkel ist eine Ursprungsform des Weizen, Grünkern unreif geernteter und gedarrter Dinkel. Buchweizen ist keine Getreideart, sondern zählt zu den Knöterichgewächsen, wird aber wie Getreide verwendet.

Das Besondere am Getreidekorn ist, dass es praktisch alle Nährstoffe enthält, die der Mensch benötigt. Das macht Getreideprodukte aus Vollkorn ernährungsphysiologisch so wertvoll und nicht von ungefähr zu einer seit Jahrtausenden bewährten Nahrungsgrundlage. Getreide liefert nicht nur Kohlenhydrate und Ballaststoffe, sondern auch Eiweiß, wichtige Mineralstoffe und Vitamine, vor allem „B"-Vitamine. Von den Nährstoffen, die der Mensch benötigt, fehlen im Getreidekorn nur wenige ganz (z. B. Vitamin C) oder sind nur in geringer Menge enthalten (z. B. Calcium).

Getreide kann sehr variabel zubereitet werden, fast alle Arten können roh, gekocht, gekeimt bzw. ganz, geschrotet oder gemahlen gegessen werden. Für eine vollwertige Ernährung muss es nicht immer nur das „täglich Brot" sein, es gibt eine Vielzahl von Produkten und Gerichten aus Vollkorngetreide. Probieren Sie doch einmal die nachfolgenden Vorschläge und unsere vielen Rezepte dazu aus.

Rohes Getreide

Frisch geschrotetes oder gemahlenes Getreide eignet sich roh für die Herstellung von Müsli und zum Backen. Für Müsli kann es vorher eingeweicht werden (vor allem bei Kauproblemen). Das Getreide sollte möglichst erst kurz vor der Zubereitung gemahlen werden, dann schmeckt es am besten. Für kleine Mengen eignet sich eine Handkaffeemühle. Werden größere Mengen benötigt, wäre der Kauf einer Getreidemühle zu überlegen. Sie können Getreide aber auch im Bioladen oder im Reformhaus mahlen lassen.

Mittlerweile können Sie in fast jedem Supermarkt Vollkornmehl kaufen. Der Nachteil gegenüber selbstgemahlenem Mehl: Zur Verlängerung der Haltbarkeit wird vor dem Mahlen der Keim entfernt. Dieser wird zwar separat pasteurisiert und später dem Mehl wieder zugefügt, damit sind aber bereits einige Vitamine verloren gegangen.

Ungemahlenes Getreide ist trocken und dunkel aufbewahrt übrigens ein gutes Jahr haltbar.

Einweichen von Getreide

Gemahlenes oder geschrotetes Getreide ist besser verdaulich, wenn es eingeweicht wird, z. B. in Wasser oder Jogurt. Die Einweichzeit sollte mindestens 3 bis 4 Stunden betragen. Es kann auch über Nacht eingeweicht (im Kühlschrank) und am nächsten Morgen unter Zugabe von Milch- oder Sauermilchprodukten und Obst sowie Nüssen nach Geschmack als Frischkornbrei (Frischkornmüsli) gegessen werden.

tipp: Bei Einweichzeiten über 3 Stunden, sollte das eingeweichte Getreide im Kühlschrank aufbewahrt werden, damit Bakterien keine Chance zur Vermehrung haben. Wenn Sie Sauermilchprodukte, wie Jogurt, Kefir, Dickmilch oder Buttermilch, zum Einweichen nehmen, dann kann das Einweichen bei Zimmertemperatur erfolgen. Die Säure verhindert dann das Bakterienwachstum.

Keimen von Getreide

Gekeimte Körner schmecken nicht nur lecker, sondern sind auch vitaminreicher und deshalb vor allem im Winter als hochwertige Ergänzung zu Salaten, Gemüsen und Müslis bestens geeignet.

Lässt man z. B. Weizen keimen, erhöht sich der Gehalt von Vitamin B_1, B_2 und B_6 um 50 Prozent, der an Vitamin E verdoppelt sich, der an Beta-Carotin verdreifacht sich sogar.

Außer Getreide lassen sich auch Hülsenfrüchte (wie Erbsen, Linsen, Kichererbsen, Mungobohnen, Alfalfa), Ölsaaten (wie Leinsamen, Sonnenblumenkerne) oder auch Senf, Rettich oder Radieschen prima keimen.

Das Verfahren ist auch ohne spezielle Geräte denkbar einfach. Benötigt werden Licht, Wasser und etwas Wärme. Idealer Standort ist die Küche. Unsere Anleitung ist nur eine von vielen, dafür funktioniert sie garantiert:

1. Getreidekörner (einige Esslöffel bzw. nach Bedarf) über Nacht in reichlich Wasser einweichen.
2. Ab dem nächsten Morgen täglich zweimal gründlich spülen. (Das gründliche Spülen der Körner ist wichtig, um die Bildung von Schimmelpilzen zu verhindern.) Wichtig: darauf achten, dass das Wasser gut abtropfen kann.
3. Nach 2 bis 3 Tagen haben sich kleine Keime (2-3 mm) gebildet. Vor dem Verzehr nochmals gut abspülen. Keime von Hülsenfrüchten sollten für Kinder, alte und immungeschwächte Personen kurz blanchiert werden.

Wenn Sie häufiger Samen zum Keimen bringen oder mehrere Sorten gleichzeitig ansetzen, können im Handel angebotene Keimgeräte hilfreich sein. Für den Anfang genügt aber die angegebene Methode.

getreide

Kochen von Getreide

Getreide kann sowohl im Ganzen (z. B. Reis, Hirse, Buchweizen) als auch gemahlen oder geschrotet (z. B. Grünkernschrot, Weizenschrot, Polenta) gekocht werden. Im Gegensatz zu rohem Getreide ist der Vitamingehalt hier etwas geringer. Aber auch in gekochtem Zustand ist Getreide ein wichtiger Bestandteil unserer Nahrung.

Getreide-Garzeiten auf einen Blick

Getreide	**Einweichzeit** (Std.)	**Garzeit** (min)	**Nachquellzeit** (min)
Roggen	ca. 10	50-60	20
Weizen	ca. 8	40-50	ca. 10
Dinkel	ca. 8	40-50	10
Grünkern	-	35-40	10
Gerste	ca. 8	40-50	10
Hafer	-	35	10
Naturreis	-	35-40	5
Hirse	-	ca. 25	5
Buchweizen	-	20-25	-
Mais	-	25-30	-
Maisgries (Polenta)	-	10-15	-

Der Umgang mit ganzem Korn

Getreidekörner eignen sich warm und kalt als Beilage oder als Salat. Die Körner werden vor dem Kochen gründlich gespült und mit der dreifachen Menge Wasser mehrere Stunden eingeweicht und dann im Einweichwasser gekocht. Hirse, Buchweizen und Reis bleiben allerdings körniger, wenn sie direkt in kochende Gemüsebrühe (oder Wasser) eingestreut werden. (Hirse vorher kurz heiß abbrausen).

Die jeweilige Einweich-, Gar- und Nachquellzeit können Sie der Übersicht entnehmen.

Der Umgang mit gemahlenem Korn

Gemahlenes oder geschrotetes Getreide wird für Bratlinge und Füllungen verwendet. Für die Zubereitung wird etwa die zweifache Menge Wasser oder Gemüsebrühe zum Kochen gebracht. Vollkornschrot oder -mehl einrieseln lassen, unter Rühren aufkochen und 15 bis 20 Minuten bei geringer Wärmezufuhr ausquellen lassen. Gut rühren.

Praktische Tipps

- Faustregel für die Menge pro Person: 80-100 g für Hauptgerichte, 50-75 g für Beilagen.
- Bei vorhandenen Rezepten können Sie helles Mehl (Typ 405) gegen Vollkornmehl (Type 1700 und mehr) austauschen. Sie benötigen dann ca. ein Drittel mehr Flüssigkeit.
- Durch Einweichen verkürzt sich die Garzeit.
- Durch Garen von Getreide im Dampfdrucktopf (Schnellkochtopf) reduziert sich die Garzeit auf die Hälfte.
- Beim Backen von Brot und Brötchen immer eine feuerfeste Tasse heißes Wasser mit in den Backofen stellen.
- Bei Kuchenrezepten können Sie statt Butter ungehärtete Pflanzenmargarine verwenden. Dies verbessert das Verhältnis der gesättigten Fettsäuren zu den ungesättigten Fettsäuren zugunsten der Letzteren und reduziert die Cholesterinaufnahme. Entsprechende Beispiele finden Sie bei unseren Rezepten.
- Gekochtes Getreide (Reste) lässt sich gut einfrieren. Es muss anschließend nur noch kurz in kochendes Wasser getaucht werden.

Frischkornbrei mit Obst der Jahreszeit

Personen: 4

120 g	Getreide (z. B. Weizen)
rd. 150 ml	Wasser
2	Äpfel
2	Bananen
2 EL	Haselnusskerne, gehackt
400 g	Jogurt

Tipp(s):
- Ein Apfel sollte möglichst immer verwendet werden, er macht das Müsli schön luftig.
- Zusätzliches Obst wechselt je nach Jahreszeit bzw. ersetzt die Bananen.

5–10 Stunden vor dem Essen das Getreide grob mahlen (schroten). Mit Wasser mischen und im Kühlschrank quellen lassen. Kurz vor dem Essen die Äpfel gründlich waschen, raspeln und die Bananen in Scheiben schneiden. Die gehackten Nüsse und den Jogurt zugeben. Alle Zutaten vermengen und mit dem Getreide vermischen. Wem das Müsli nicht ausreichend gesüßt erscheint, kann noch mit Rosinen oder anderen ungeschwefelten Trockenfrüchten nachsüßen.

Knuspermüsli

ca. 12 Portionen, à 45g

200 g	Haferflocken (kernig)
50 g	Sonnenblumenkerne
50 g	Kokosraspeln
50 g	Mandeln, abgezogen
2 Msp.	Zimt
2 Msp.	Vanille, gemahlen
2 EL	Pflanzenöl
1 EL	Honig
100 g	Rosinen

Tipp(s):
- Anstelle von Haferflocken können auch Weizenflocken genommen werden.
- Das Müsli hält sich im Schraubglas einige Wochen.

Haferflocken mit Sonnenblumenkernen und Kokosflocken mischen. Mandeln grob reiben. Mit Zimt und Vanille unter die Flocken rühren. Öl und Honig in einer Pfanne erhitzen und kurz aufkochen. Die Flockenmischung hineingeben und schnell verrühren, dann ca. 5 min goldgelb rösten. Die Rosinen zugeben und unterrühren; bei kleiner Hitze noch 5 min miträsten. Statt in der Pfanne kann man auch alles mit einigen EL Wasser mischen, 10 min durchziehen lassen und auf einem Backblech unter mehrfachem Wenden bei 140 °C im Backofen ca. 30 min gleichmäßig bräunen lassen; Rosinen erst hinterher zufügen. Müsli abkühlen lassen. In einem Schraubdeckelglas aufbewahren. Je nach Geschmack später noch Obst der Saison sowie Milch, Jogurt oder Kefir zufügen.

Buchweizenschnitten mit Champignons

Personen: 8

300 g	**Zwiebeln**
250 g	**Möhren**
1 EL	**Butter**
1 EL	**Thymian**
300 g	**Buchweizen (ganz)**
500 ml	**Gemüsebrühe**
1	**Knoblauchzehe**
	Jodsalz, Pfeffer
4	**Eier**
250 ml	**Schlagsahne**
4 EL	**Buchweizen, gemahlen**
750 g	**Champignons**
2 EL	**Butter (für die Pilze)**
1 Bund	**Schnittlauch**
300 g	**Jogurt (3,5 %)**

Zwiebeln würfeln, Möhren schälen und dünn scheibeln. Butter erhitzen und beide Gemüse darin mit Thymian etwa 5 min dünsten. Buchweizenkörner unterrühren und anrösten. Mit der Gemüsebrühe auffüllen. Durchgepressten Knoblauch, Salz und Pfeffer zugeben und zugedeckt 10 min bei kleiner Flamme ausquellen lassen. Eier und Sahne verrühren und unter die von der Platte genommenen Masse rühren. Die Saftpfanne mit einem TL Butter ausstreichen und mit der Hälfte des Buchweizenmehls ausstreuen. Die Masse einfüllen, glatt streichen und bei 200 °C 10 min backen. Halbierte Champignons mit dem restlichen Buchweizenmehl in der Butter braten, salzen und pfeffern. Pilze auf dem vorgebackenen Teig verteilen und alles noch weitere 20 min backen. Dazu wird der mit gehacktem Schnittlauch verrührte Jogurt serviert.

Tipp(s):

- Diese Buchweizenschnitten können sowohl als Vorspeise oder als Hauptmahlzeit – dann mit einem frischen Salat – serviert werden.

Getreidebratlinge

Personen: 4

150 g	**Getreideschrot**
400 ml	**Gemüsebrühe**
2	**Lorbeerblätter**
2	**Eier**
100 g	**Möhren, geraspelt**
100 g	**Porree (in Streifen)**
40 g	**Weizenvollkornmehl**
1	**Zwiebel, gehackt**
	Pfeffer, Jodsalz
4 EL	**Petersilie, gehackt**
2 EL	**Pflanzenöl**

Getreideschrot (z. B. Grünkern, Weizen, Naturreis, Hirse) mit Lorbeerblättern in der Gemüsebrühe aufkochen und ca. 15–20 min bei geringer Hitze ausquellen lassen. Dabei gut rühren. Eier, Mehl (oder Vollkornsemmelbrösel), Pfeffer, Salz, Möhren, Lauch und Petersilie untermengen. Pikant abschmecken. Die Masse abkühlen lassen. Mit feuchten Händen etwa 12 Bratlinge formen oder mit einem Esslöffel kleine Häufchen in die Pfanne drücken. In heißem Öl braten. Erst wenden, wenn eine Seite goldgelb gebraten ist.

Beilagen: Rohkostsalat oder Champignon-Zwiebel-Möhren-Gemüse (➢ Rezept Seite 115).

Tipp(s):

- Der Teig kann auch auf dem Backblech im Backofen bei 200 °C in 20 min abgebacken werden. Kalt in Stücke schneiden.

Grünkernbraten mit Tomatensoße

Personen: 6

200 g	**Grünkernschrot**
1,5 EL	**Butter**
100 g	**Möhren**
200 g	**Porree**
625 ml	**Gemüsebrühe**
50 g	**Mandeln, gemahlen**
2	**Eier**
75 g	**Edamer oder Gouda**
2 EL	**Weizenvollkornmehl**
3 EL	**Tomatenmark**
100 g	**Schmand**
	Jodsalz, Pfeffer, Rosenpaprika
1 EL	**Zitronensaft**

1/2 EL Butter erhitzen und den Grünkernschrot darin andünsten. Das Gemüse putzen, würfeln und zum Grünkern geben. Kurz mitdünsten lassen und mit 375 ml Brühe auffüllen. Zugedeckt 20 min quellen lassen. Käse fein reiben. Mandeln, Käse und Eier unter den Grünkern rühren. Eine Auflauf- oder Kastenform fetten und den zu einem Braten geformten Grünkernteig hineinlegen. Bei 200 °C 40–45 min auf der 2. Einschubleiste von unten backen. Inzwischen die restliche Butter erhitzen und mit dem Mehl und dem Tomatenmark andünsten. Mit der restlichen Brühe und dem Schmand ablöschen und 5 min köcheln lassen. Dabei gelegentlich umrühren. Die Soße mit Salz, Pfeffer, Paprika und Zitronensaft würzen und zum Grünkernbraten reichen.

Beilagen: Dazu passen (Pell-)Kartoffeln oder Nudeln/Spätzle und Brokkoli oder Blumenkohl.

Tipp(s):

- Es kann auch gut Emmentaler Käse verwendet werden.
- Die Soße bekommt durch einige Basilikumblättchen einen besonders frischen Geschmack.

Hirsotto mit Käse

Personen: 4

200 g	**Hirse**
1 EL	**Pflanzenöl**
100 g	**Zwiebeln**
1	**Knoblauchzehe**
500 ml	**Gemüsebrühe**
100 g	**Emmentaler**
1 EL	**Petersilie, gehackt**
1 EL	**Basilikum, gehackt**

Hirse in einem Sieb heiß abspülen und abtropfen lassen. Zwiebeln abziehen und würfeln. In Öl glasig dünsten. Hirse und die ausgepresste Knoblauchzehe zufügen und kurz mitdünsten. Mit Gemüsebrühe aufgießen und zum Kochen bringen. Bei geringer Hitze ca. 15 min ausquellen lassen. Den Käse reiben und mit den Kräutern kurz vor dem Servieren unterheben.

Beilagen: Dazu passen Champignon-Zwiebel-Möhren-Gemüse (➢ Rezept Seite 115) oder ein frischer Salat.

Tipp(s):

- Anstelle von Emmentaler kann auch Gouda verwendet werden.

Tarte mit Pfifferlingen

Personen: 6

220 g	**Roggenvollkornmehl**
1	**Ei (Teig)**
2 EL	**Milch**
1 Prise	**Jodsalz**
2 TL	**Honig (oder Zucker)**
100 g	**Butter oder ungehärtete Pflanzenmargarine**
	Mehl (zum Bearbeiten)
1 TL	**Pflanzenöl (Form)**
500 g	**Pfifferlinge**
200 g	**Zwiebeln**
1 EL	**Pflanzenöl**
	Jodsalz, Pfeffer
	Muskat
400 g	**Tomaten**
1 Bund	**Basilikum**
125 ml	**Schlagsahne**
1	**Ei**
150 g	**Mozzarella**

Aus Roggenmehl, Ei, Milch, Salz, Honig und Butter einen glatten Teig kneten. Den Teig ausrollen und in eine gefettete Tarte- oder Springform füllen. Die Pilze putzen und je nach Größe halbieren. Zwiebeln würfeln und in Öl andünsten. Die Pilze zufügen und bei mittlerer Hitze 5 min dünsten. Mit Salz, Pfeffer und Muskat pikant abschmecken und etwas abkühlen lassen. Tomaten waschen und in Scheiben geschnitten als äußeren Rand auf den Teig legen. Die Pilze in die Mitte geben. Basilikum hacken. Einige Blättchen zur Verzierung zurückbehalten, den Rest über die Tarte streuen. Sahne mit Ei verquirlen und mit dem in Würfel geschnittenen Mozzarella vermischen. Kräftig würzen und auf die Tarte geben. Im Backofen bei 200 °C ca. 35–40 min backen. Dann mit den restlichen Basilikumblättern verzieren.

Tipp(s):

- Wer keine frischen Pfifferlinge bekommen kann, nimmt ersatzweise solche aus dem Glas.
- Anstelle der Pfifferlinge können Sie auch eine Mischung aus 200 g Zucchini und 300 g gemischten Paprikas nehmen.

Vollkornspätzle mit Käse

Personen: 4

2 l	**Wasser**
400 g	**Weizenvollkornmehl**
4	**Eier**
	Jodsalz
125 ml	**Wasser, lauwarm**
400 g	**Zwiebeln**
2 EL	**Butter**
1 Bund	**Petersilie, gehackt**
100 g	**Gouda, mittelalt**

Das Wasser leicht salzen und zum Kochen bringen. Mehl, Eier, Salz und das lauwarme Wasser zu einem Teig aufschlagen. Zwiebeln abziehen, in dünne Ringe schneiden und in 2/3 der Butter glasig dünsten. Den Teig portionsweise durch eine Spätzlepresse in das kochende Salzwasser drücken. Wenn die Spätzle oben schwimmen, noch 1 min ziehen lassen. Herausheben, kurz kalt abschrecken und gut abgetropft in der restlichen heißen Butter schwenken. Die gehackte Petersilie untermischen, mit Zwiebeln und geriebenem Käse abwechselnd in eine Schüssel schichten. Eventuell noch kurz in den Backofen (bei 175 °C) oder die Mikrowelle schieben, damit der Käse verläuft. Mit etwas Petersilie garniert servieren.

Beilagen: Ein Salat der Jahreszeit, z. B. Eisberg-, Lauch-, Chicoréesalat, Grüner Salat oder ein gemischter Salat; Gurkengemüse (➢ Rezept Seite 116).

Spätzle mit Spinat

Personen: 4

400 g	**Spinat**
2	**Eier**
	Jodsalz, Pfeffer
	Muskat
250 g	**Weizenvollkornmehl**
100 g	**Zwiebeln**
2 TL	**Butter**
60 g	**Gouda (oder Emmentaler)**
2 EL	**Petersilie, gehackt**

Frischen Spinat kurz blanchieren und abtropfen lassen. (Tiefkühlspinat auftauen lassen.) Spinat mit den Eiern pürieren und mit Salz und Muskat kräftig würzen. Das Weizenvollkornmehl darunter rühren und ggf. ein wenig Wasser zufügen, bis ein zäher, glatter Teig entstanden ist. Den Teig etwa 15 min ruhen lassen. Während dieser Zeit die Zwiebeln würfeln und in der Butter glasig dünsten. In einem großen Topf gesalzenes Wasser zum Kochen bringen und den Teig mit Hilfe einer Spätzlepresse portionsweise in das kochende Wasser geben. Kurz aufkochen lassen und mit einem Schaumlöffel herausheben. Spätzle mit den gedünsteten Zwiebeln und dem geriebenen Käse in einer Auflaufform anrichten, kurz im Backofen den Käse schmelzen lassen und mit Petersilie bestreut servieren.

Tipp(s):

- Anstelle von frischem Spinat kann man auch die halbe Menge gehackten Tiefkühlspinat nehmen.
- Wer keine Spätzlepresse hat, kann den Teig auch von einem Holzbrett mit einem Messer in feinen Streifen in das Wasser schaben.

Weizen-Gemüse-Salat

Personen: 4

200 g	**Weizen**
500 ml	**Wasser**
450 g	**Paprikaschoten**
100 g	**Zwiebeln**
150 g	**Tomaten**
3 EL	**Essig**
2 EL	**Pflanzenöl**
1 EL	**Senf**
1	**Knoblauchzehe, zerdrückt**
	Jodsalz, Pfeffer
	Kräuter, gehackt

Tipp(s):
- Statt Tomaten können Sie auch Feldsalat nehmen.
- Wenn Sie den Weizen vorab einweichen, verkürzt sich die Einweichzeit erheblich (➢ Seite 74).

Weizen in kaltes Wasser geben, aufkochen und bei geringer Hitze ca. 45 min garen, dann abkühlen lassen. Eventuell überschüssiges Wasser abgießen. Paprikaschoten waschen, entkernen und in feine Streifen schneiden. Zwiebeln schälen und in Scheiben schneiden. Tomaten waschen und würfeln. Aus Essig, Öl und Gewürzen eine Salatsoße zubereiten und mit den übrigen Zutaten vermischen. Den Salat abgedeckt 30 min ziehen lassen. Danach nochmals abschmecken.

Beilagen: Frisches Vollkornbrot mit Butter. Mit dieser Beilage hat man bereits ein vollständiges Abendessen.

Weizenpfanne

Personen: 4

300 g	**Weizen**
500 ml	**Gemüsebrühe**
400 g	**Zucchini**
500 g	**Tomaten**
300 g	**Frühlingszwiebeln**
2 Bund	**Basilikum**
2 EL	**Pflanzenöl**
	Jodsalz, Pfeffer
2 TL	**Curry**

Den Weizen 6–10 Std. in kaltem Wasser einweichen. Anschließend zum Einweichwasser einen Gemüsebrühwürfel geben und zugedeckt 40 min garen. Zucchini putzen und in Scheiben schneiden. Zwiebeln schälen und in Ringe schneiden. Basilikum hacken. Zucchini in heißem Öl anbraten. Weizen mit der Flüssigkeit zugeben und ca. 5 min mitgaren. Tomaten und Zwiebeln unterheben und weitere 2 min garen. Alles mit Salz, Pfeffer und Curry würzen, zuletzt Basilikum unterheben.

Tipp(s):
- Anstelle des Basilikums Kresse verwenden.

Wirsingauflauf mit Mais

Personen: 4

700 g	**Wirsing**
1 l	**Gemüsebrühe**
300 g	**Maisgrieß (Polenta)**
2	**Eier**
1 EL	**Butter**
1	**Knoblauchzehe**
60 g	**Porree, fein geschnitten**
3 EL	**Kräuter, gehackt**
100 g	**Käse, gerieben**
	Jodsalz, Pfeffer, Muskat

Wirsingblätter vom Kopf lösen und waschen, dicke Blattrippen herausschneiden. Die Blätter in Gemüsebrühe fast weich kochen und abtropfen lassen. Den Mais mit der Wirsingbrühe verrühren. Unter Rühren zu einem dicken Brei kochen und 5 min auf der ausgeschalteten Platte ziehen lassen. Eier und Butter unterrühren. Knoblauchzehen auspressen, mit Lauch, Kräutern und Käse (etwas zum Bestreuen zurücklassen) zum Maisbrei geben. Kräftig abschmecken. Den Boden einer Auflaufform mit Wirsingblättern so auslegen, dass sie sich überlappen. Mit Salz und Muskat würzen. Einen Teil der Maisfüllung darauf verteilen. Die Schichten wiederholen, bis alles aufgebraucht ist. Mit Wirsingblättern abschließen und die Form schließen. Auf der mittleren Schiene bei 175 °C 30 min backen. Den Deckel abnehmen, den restlichen Käse darüber streuen. Weitere 5–10 min backen, bis der Käse goldgelb ist.

Tipp(s):
- Hierzu schmecken gut eine Tomatensoße und ein Rohkostsalat.

Apfelbrötchen

(20 Stücke)

4	Äpfel
2 EL	Zitronensaft
75 g	Butter
4 EL	Honig (oder Zucker)
	Zitronenschale unbehandelt, abgerieben
1	Ei
270 g	Weizenvollkornmehl
3 TL	Backpulver
120 ml	Milch (3,5 % Fett)
1 Prise	Jodsalz

Die Äpfel schälen, vierteln, entkernen und in recht kleine Stücke schneiden. Stücke sofort mit Zitronensaft beträufeln. Butter, Honig, Salz und abgeriebene Zitronenschale zusammen schaumig rühren. Dann das Ei zufügen. Zuletzt das mit dem Backpulver gemischte Mehl und die Milch unterrühren. Die Apfelstückchen unterheben. Den Teig mit Hilfe von 2 Esslöffeln auf gut gefettete Bleche setzen (ca. 10 Stücke pro Blech). Die Brötchen bei 200 °C auf der zweituntersten Schiene ca. 20–25 min backen. Im Umluftherd (bei 175 °C) können beide Bleche gleichzeitig abgebacken werden. Eventuell dauert das Backen dann etwas länger oder die Bleche müssen wegen ungleichmäßigen Backens einmal getauscht werden.

Tipp(s):

- Das einfache Rezept ergibt ca. 20 Brötchen.
- Sie können die Brötchen statt auf einem Blech auch in einer Muffinform backen.
- Diese Brötchen schmecken noch lauwarm mit etwas Butter besonders gut.

Blitzbrot

400 g	**Weizenvollkornmehl**
100 g	**Buchweizenmehl**
80 g	**Leinsamen**
80 g	**Sesamsamen**
80 g	**Sonnenblumenkerne**
500 ml	**Wasser, lauwarm**
40 g	**Hefe**
2 TL	**Jodsalz**
2 EL	**Obstessig**
1 EL	**Pflanzenöl (für die Form)**

Die Hefe im lauwarmen Wasser auflösen und mit den übrigen Zutaten kräftig durchkneten. Eine Kastenform fetten und nach Belieben mit Sesam oder Leinsamen bestreuen. Den Teig hineinfüllen und in den kalten Backofen geben. Bei 200 °C ca. 60 min backen.

Tipp(s):

- Das Weizenmehl kann durch Dinkelvollkornmehl ersetzt werden, das Buchweizenmehl durch weiteres Weizenmehl.

Krustenbrot

300 g	Weizenvollkornmehl
125 g	Weizenvollkornschrot
300 g	Roggenvollkornmehl
40 g	Hefe
500 ml	Buttermilch, lauwarm
1 TL	Rübenkraut (oder Honig)
1/2 TL	Fenchel
1/2 TL	Kümmel
1/2 TL	Koriander
2 TL	Jodsalz
1 Päckchen	Sauerteigextrakt (für 1 kg Mehl)

Mehl und Schrot in einer Schüssel mischen. In die Mitte eine Mulde drücken. Für den Vorteig Hefe, Rübenkraut, Gewürze, Buttermilch und Sauerteigextrakt in die Mulde geben, mit etwas Mehl aus der Mulde zu einem dicken Brei verrühren und 20 min gehen lassen (bis sich das Volumen des Vorteigs verdoppelt hat). Nun alles zu einem Teig kräftig kneten. Einen Brotlaib daraus formen, auf ein gefettetes Backblech oder in eine gefettete Form geben und ca. 20 min gehen lassen. Nicht vergessen, eine Tasse Wasser mit in den Backofen zu stellen. Zunächst bei 220 °C 20 min backen lassen, dann noch 40 min bei 180 °C weiterbacken. Garprobe: Stäbchenprobe oder gegen das Brot klopfen; wenn es hohl klingt, ist es gut.

Tipp(s):

- Statt Fenchel, Koriander und Kümmel können auch andere Gewürze, Kräuter oder Samen verwendet werden.

Norwegisches Fladenbrot

425 g	**Weizenvollkornmehl**
175 g	**Roggenvollkornmehl**
2 TL	**Jodsalz**
1 TL	**Kümmel, gemahlen**
1 TL	**Koriander**
30 g	**Hefe**
300 ml	**Wasser, lauwarm**
60 g	**Butter**
1	**Eigelb**
2 EL	**Wasser**
2 EL	**Sesamsamen**

Weizen- und Roggenmehl in eine Schüssel geben. Kümmel und Koriander an den Rand geben. Hefe im lauwarmen Wasser auflösen und mit der Butter und dem Salz in die Mitte des Mehls geben. Alles zu einem glatten Teig verarbeiten und diesen 20 min gehen lassen. Anschließend gut durchkneten und in vier gleich große Stücke teilen. Zu Fladen von etwa 15 cm Durchmesser ausrollen. Diese auf ein gefettetes Blech legen. Das Eigelb mit Wasser verrühren, den Teig damit bestreichen und die Oberflächen rautenförmig einschneiden. Sesam (oder Kümmel, Salz, Zwiebelscheiben oder Sonnenblumenkerne) auf die Fladen streuen. Fladen nochmals 15–20 min gehen lassen. Bei 200 °C 30–35 min backen lassen.

Beilagen: Kräuterquark, Geschnetzeltes Gyros Art, Krautsalat.

Tipp(s):

- Das einfache Rezept ergibt vier Fladen.
- Die Fladen können auch wie Teigtaschen gefüllt werden.

Quarksemmeln

Personen: 8

250 g	Weizenvollkornmehl
1 TL	Backpulver
1/2 TL	Jodsalz
20 g	Honig (oder Zucker)
150 g	Quark, Magerstufe
	Milch
1	Ei
	Fenchel, zerstoßen
	Anis, zerstoßen

Mehl, Backpulver, Salz und Gewürze nach Geschmack mischen. Honig, Quark, Ei und eventuell Milch mit der Hand einarbeiten, bis ein geschmeidiger Teig entsteht. Teig noch etwa 5–10 min quellen lassen. Ovale Semmeln formen und auf ein gefettetes Backblech setzen. Mit lauwarmer Milch bestreichen und bei 200 °C 20–25 min backen.

Tipp(s):

- Das einfache Rezept ergibt acht Semmeln.

Zebrabrot

Personen: 8

8 Scheiben	Schwarzbrot (quadratisch)
40 g	Butter
250 g	Camembert (quadratisch)

Die Brotscheiben mit Butter bestreichen. Den Camembert in Scheiben schneiden. Zwei Stapel mit je 4 Brotscheiben anrichten, indem abwechselnd Brot-Käse-Brot-Käse-Brot-Käse-Brot aufeinander gelegt wird. Beide Brote in Viertel schneiden, die Viertel wiederum diagonal halbieren. Eventuell Zahnstocher oder kleine Fähnchen hineinstechen und die Zebrabrote auf einer Platte dekorieren.

Tipp(s):

- Schnell und schön fürs kalte Büfett.

Weizenvollkornbrötchen

(20 Stücke)

500 g	Weizenvollkornmehl
30 g	Hefe
2 TL	Jodsalz
350 ml	Wasser
1 TL	Sesamsamen
1 TL	Sonnenblumenkerne
1 TL	Haferflocken
1 TL	Mohn

Hefe im lauwarmen Wasser auflösen, Mehl und Salz zügig einarbeiten. Teig 5–10 min kneten – dabei nur wenig Streumehl verwenden – anschließend ca. 20 min gehen lassen. Während der Teigruhe den Backofen auf 250 °C vorheizen und eine Schüssel mit 250 ml kaltem Wasser in den Ofen schieben. Eine weitere Schüssel mit etwas kaltem Wasser bereit stellen. Nach Wunsch Streusamen mischen oder separat bereitstellen. Nach der Teigruhe den Teig nochmals kräftig durchkneten. Aus dem Teig ein rechteckiges Stück formen und in 5 gleich große Teile schneiden. Jedes dieser Teile rund formen und vierteln. Daraus Brötchen formen, mit Wasser bestreichen und die Oberfläche in die Streusamen tauchen. Brötchen auf ein gefettetes Backblech setzen und ca. 20 min gehen lassen. Bei 250 °C 15–20 min backen.

Tipp(s):

- Für eher herzhafte Brötchen diese statt mit Mohn zusätzlich mit Kümmel (oder grobem Salz) bestreuen.
- Je länger der Teig geknetet wird, desto lockerer werden die Brötchen.
- Die Brötchen lassen sich gut einfrieren.

Buchweizenbiskuit mit Obst

(ohne Obst)

5	**Eier**
5 EL	**Honig (oder Zucker)**
2 EL	**Wasser, heiß**
	Vanille, gemahlen
200 g	**Buchweizenmehl**
250 ml	**Schlagsahne**
1 EL	**Honig (oder Zucker)**
1 kg	**Erdbeeren**

Eier trennen. Eigelb, Honig, Wasser und Vanille zu einer dicken Creme aufschlagen. Eiweiß sehr steif schlagen und auf die Creme geben, dazu das Buchweizenmehl. Alles vorsichtig miteinander vermengen. Die Masse auf ein gefettetes Backblech streichen und im Backofen auf der untersten Schiene bei 180 °C 25–30 min backen. Den Teig auskühlen lassen.
Die Sahne sehr steif schlagen und süßen. Auf den Biskuitboden streichen und mit Obst (hier Erdbeeren) belegen. Sofort servieren.

Tipp(s):
- Dieser Kuchen ergibt im einfachen Rezept ca. 12 Stücke.
- Je nach Jahreszeit lässt er sich immer wieder unterschiedlich mit Obst der Saison belegen.

Früchtebrot

3	Eier
125 g	Honig (oder Zucker)
125 g	Mandeln, grob gehackt
125 g	Haselnusskerne
125 g	Sukkade (Zitronat)
125 g	getrocknete Feigen, gewürfelt
250 g	Rosinen
125 g	Weizenvollkornmehl
1/2 TL	Zimt
1/2 Päckchen	Backpulver

Eier mit Honig schaumig rühren. Grob gehackte Mandeln, Nusskerne und Zitronat zur Schaummasse geben, dann die Rosinen und die klein gewürfelten Feigen, zuletzt das mit Backpulver und Zimt vermischte Mehl. Den Teig in eine gut gefettete Kastenform geben und bei 160–175 °C 55–60 min backen.

Tipp(s):

- Das Früchtebrot kann nach dem Backen mit einer Rumglasur überzogen und mit Zitronat und Mandeln verziert werden.
- Das einfache Rezept ergibt etwa 20 Scheiben.

Schoko-Nuss-Rührkuchen

500 g	Weizenvollkornmehl
300 g	Butter oder ungehärtete Pflanzenmargarine
300 g	Honig (oder Zucker)
6	Eier
200 g	Zartbitterschokolade
200 g	Haselnusskerne, gemahlen
1 Päckchen	Backpulver

Alle Zutaten zu einem Rührteig verrühren. In zwei gefettete Kastenformen füllen und bei 175 °C etwa 45 min backen.

Tipp(s):

- Hier können Sie gut liegen gebliebene Weihnachtsmänner oder Osterhasen verbacken. Sind diese aus Vollmilchschokolade, sollten Sie etwas weniger Honig (Zucker) nehmen.

Großmutters Käsekuchen

250 g	Weizenvollkornmehl
125 g	Butter oder ungehärtete Pflanzenmargarine
40 g	Honig (oder Zucker)
1	Ei
750 g	Quark, Magerstufe
4	Eier, getrennt
50 g	Weizenvollkornmehl (Belag)
	Zitronenschale, unbehandelt
50 g	Honig (oder Zucker für Belag)
50 g	Rosinen, gewaschen
50 g	Butter, zerlassen

Mehl, Butter, Margarine, Honig und Ei mit den Händen schnell zu einem Teig verkneten. Den Teig sofort auf einem gefetteten Backblech ausrollen oder in eine Springform geben und den Teig am Rand etwas hochdrücken. Für den Belag Quark, Eigelb, Honig, Zitronenschale (abgerieben von einer halben, unbehandelten Zitrone) und Mehl verrühren. Rosinen und Butter dazugeben; zum Schluss das steif geschlagene Eiweiß vorsichtig unterziehen. Quarkmasse gleichmäßig auf dem Teig verteilen. Bei 180 °C 50–60 min backen.

Tipp(s):

- Lecker ist auch Obst in der Quarkmasse (Mandarinen, Sauerkirschen).
- Für Kalorienbewusste: Boden weglassen.
- Das einfache Rezept ergibt etwa 12 Stücke.

Käsegebäck

250 g	**Weizenvollkornmehl**
250 g	**Gouda, mittelalt**
200 g	**Butter oder ungehärtete Pflanzenmargarine**
2	**Eigelb**
2 EL	**Schlagsahne**
2 TL	**Pflanzenöl (für die Bleche)**
2 EL	**Sesamsamen**
2 EL	**Leinsamen**
2 EL	**Mohn**

Mehl, Käse, Butter, Margarine, ein Eigelb und die Sahne kräftig verkneten, bis ein geschmeidiger Teig entstanden ist. Diesen zugedeckt im Kühlschrank etwa 2–3 Stunden ruhen lassen. Danach nochmals durchkneten und etwa 3–5 mm dick ausrollen. Mit kleinen Plätzchenausstechern Figuren ausstechen oder aber einfach Streifen schneiden. Auf ein gefettetes Backblech setzen, mit dem restlichen verquirlten Eigelb bestreichen und mit Sesam, Leinsamen oder Mohn bestreuen. Im Ofen bei 200 °C in etwa 15 min goldbraun backen.

Tipp(s):

- Der Teig kann etwas kleben, also mit reichlich Mehl ausrollen, oder eine Marmorplatte und ein kaltes Nudelholz verwenden. Sie können ihn auch zwischen zwei Lagen Frischhaltefolie ausrollen.
- Das Käsegebäck hält sich in Dosen geschichtet einige Wochen.

Königskuchen

200 g	Butter oder ungehärtete Pflanzenmargarine
200 g	Honig (oder Zucker)
5	Eier
	Vanille, gemahlen
	Jodsalz
400 g	Weizenvollkornmehl
1/2 Päckchen	Backpulver
125 ml	Milch (3,5 % Fett)
4 EL	Rum
100 g	Rosinen
100 g	Korinthen

Tipp(s):

- Anstelle von Rosinen und Korinthen kann man auch gehackte Nüsse, Schokostückchen oder anderes Trockenobst hineingeben.

Butter, Margarine, Honig, Eier, Vanille und Salz schaumig rühren. Nach und nach das Mehl mit dem Backpulver, Milch, Rum, Rosinen und Korinthen dazu rühren. Der Teig darf auf keinen Fall fließen, er muss reißen. In eine gefettete Kastenform einfüllen und auf der untersten Schiene bei 170 °C 75 min backen.

Mürbeteig-Tortenboden/-Torteletts

250 g	Weizenvollkornmehl
125 g	Butter oder ungehärtete Pflanzenmargarine
30 g	Honig (oder Zucker)
1	Ei

Alle Zutaten in eine Schüssel geben und mit dem Knethaken zu einem glatten Teig verarbeiten. Teig dünn ausrollen und in gefettete Tortelettformen oder eine Tortenbodenform legen. Bei 175 °C etwa 20 min backen.

Tipp(s):

- Als Belag eignen sich alle Beerenfrüchte, Pfirsiche, Aprikosen, Süß- oder Sauerkirschen.

Nussecken

Teig:	400 g	Weizenvollkornmehl
	100 g	Brauner Zucker
	200 g	Butter oder ungehärtete Pflanzenmargarine
	2	Eier
Belag:	200 g	Marzipanrohmasse
	3-4 EL	Wasser
	400 g	Haselnusskerne, gemahlen
	100 g	Butter oder ungehärtete Pflanzenmargarine
	170 g	Brauner Zucker
	100 g	Crème fraîche
	2 Msp.	Vanille, gemahlen

Aus Mehl, braunem Zucker, Butter und den Eiern einen Teig kneten und diesen auf einem gefetteten Backblech ausrollen. Alle übrigen Zutaten in einer Pfanne bei geringer Hitze zu einer glatten Masse verrühren und gleichmäßig auf dem Teig verteilen. Bei 200 °C ca. 25 min backen und noch warm in dreieckige Stücke schneiden.

Tipp(s):

- Das Wasser lässt sich auch durch die gleiche Menge Weinbrand ersetzen.

Russischer Streuselkuchen

Teig:	**400 g**	**Weizenvollkornmehl**
	100 g	**Honig (oder Zucker)**
	175 g	**Butter oder ungehärtete Pflanzenmargarine**
	50 g	**Kakaopulver**
	4	**Eier**
	1 Päckchen	**Backpulver**
Belag:	**125 g**	**Butter oder ungehärtete Pflanzenmargarine**
	125 g	**Honig (oder Zucker, für Belag)**
		Vanille, gemahlen
	40 g	**Vollkornmehl**
	500 g	**Quark, Magerstufe**
	1 Prise	**Jodsalz**

Mehl mit Backpulver und Kakao verrühren. Mit Butter, Honig und einem Ei zu einem Teig verkneten. Eine Springform fetten und zwei Drittel des Teigs als Bodenplatte und Rand hineindrücken. Restliche Eier trennen. Die Belag-Butter mit dem Belag-Honig, dem Vanillemark, dem Salz und dem Eigelb cremig rühren. Quark und Vollkornmehl unterziehen. Das Eiklar steif schlagen und unter die Creme ziehen. Diese auf die Teigplatte in der Springform geben und etwas glatt streichen. Den restlichen Teig zu Streuseln zerbröseln und auf die Masse geben. Bei 175 °C (untere Schiene) etwa 60 min backen.

Tipp(s):

- Dieser Kuchen kann auch auf einem Backblech zubereitet werden.

Nuss-Mandel-Biskuit

30 g	**Haselnusskerne (oder Mandeln)**
100 g	**Weizenvollkornmehl**
1,5 TL	**Backpulver**
3	**Eier**
75 g	**Honig (oder Zucker)**
2 EL	**Wasser, lauwarm**

Springformboden mit gefettetem Pergamentpapier oder Backtrennpapier belegen; Rand nicht fetten. Geriebene Nüsse oder Mandeln mit dem Backpulver unter das Mehl mischen. Eier trennen. Eigelb, Honig oder Zucker und Wasser mit dem Schneebesen eines Rührgerätes auf der höchsten Stufe zu einer dicken Creme schlagen. Eiweiß steif schlagen. Eischnee auf die Eigelbcreme geben, die Nuss-Mehl-Mischung locker darüber streuen und vorsichtig unterheben. Den Teig in die Springform füllen und glatt streichen. Im Backofen bei 175 °C 20–30 min auf der untersten Schiene backen. Die Stäbchenprobe machen und eventuell noch einige Minuten nachbacken. Den Kuchen 10 min in der Form abkühlen lassen, dann mit einem Messer vorsichtig am Rand lösen. Rand abnehmen; Biskuitboden auf ein Kuchengitter stürzen und das Papier vorsichtig abziehen (dafür eventuell befeuchten). Nach Wunsch belegen.

Tipp(s):

- Gut als Belag eignet sich jegliches Obst der Jahreszeit, aber auch nur Sahne zu dem mit etwas Gelee bestrichenen Biskuit schmeckt gut.

Sesam-Hafer-Waffeln

150 g	**Weizenvollkornmehl**
75 g	**Vollkorngrieß**
75 g	**Haferflocken**
75 g	**Sesamsamen**
1/2 Würfel	**Hefe**
325 ml	**Milch (3,5 % Fett), lauwarm**
100 g	**Butter oder ungehärtete Pflanzenmargarine**
3	**Eier**
4 EL	**Honig (oder Zucker)**
1 Msp.	**Vanille, gemahlen**
3 EL	**Pflanzenöl**
1 Prise	**Jodsalz**

Mehl, Grieß und Haferflocken in einer Schüssel mischen. In die Mitte eine Mulde drücken und die Hefe hinein bröckeln. Etwas von der warmen Milch zufügen und mit der Hefe verrühren. Schüssel abdecken und etwa 15 min an einem warmen Ort gehen lassen. Dann die Hälfte des Sesams, den Honig oder Zucker, die Vanille, die restliche Milch, Salz, die weiche Butter und die Eier zugeben und alles gut verrühren. Das Waffeleisen vorheizen und vor jedem Backen mit etwas Öl einpinseln und ein wenig Sesam auf den Boden streuen. Teig daraufgeben und die Waffel braun backen.

Beilagen: Sahne, Fruchtquark, Kompott.

Tipp(s):

- Das einfache Rezept ergibt 9–12 Waffeln.
- Anstelle von Weizengrieß können Sie auch geschroteten Buchweizen oder Dinkel verwenden.

Versenkter Kirschkuchen

100 g	Butter oder ungehärtete Pflanzenmargarine
125 g	Honig (oder Zucker)
2	Eier
	Zitronenschale, unbehandelt
200 g	Weizenvollkornmehl
1 TL	Backpulver (gehäuft)
2 EL	Milch
500 g	Süßkirschen (Sauerkirschen)
2 EL	Rum (40 %ig)
2 EL	Kirschsaft (oder Wasser)
1 EL	Honig

Butter, Honig und Eier schaumig rühren, die abgeriebene Zitronenschale, das mit Backpulver gemischte Mehl und die Milch unterziehen. Teig in eine gefettete Springform geben. Mit entsteinten Kirschen belegen und bei 175 °C 40–50 min backen. Rum, Honig und Kirschsaft (oder Wasser) verrühren und den warmen Kuchen damit tränken.

Tipp(s):

- In den Teig lässt sich auch noch 1/2 TL Zimt oder 1 EL Kakao hineinrühren.
- Das einfache Rezept ergibt 12 Stücke.

Windbeutel

250 ml	Wasser
1 Msp.	Jodsalz
70 g	Butter oder ungehärtete Pflanzenmargarine
150 g	Weizenvollkornmehl
4	Eier

Wasser, Salz und Butter zusammen aufkochen. Mehl auf einmal in die Flüssigkeit geben und rasch rühren, bis sich ein Kloß formt und dieser sich vom Topfboden löst. Topf von der Kochstelle nehmen und sofort ein Ei zugeben. Nach wenigen Minuten die restlichen Eier zugeben und zu einem glänzenden Teig verrühren. Teig durch die Spritztüte auf ein gefettetes Blech zu ca. 12 Windbeuteln (einfaches Rezept) spritzen. Backofen vorheizen!
Bei 230 °C 20 min backen. Während der Backzeit darf der Ofen nicht geöffnet werden. Windbeutel noch heiß mit einer Schere aufschneiden und auf ein Kuchengitter setzen.

Tipp(s):

- Als Füllung eignen sich Obst und Sahne oder die beiden nebenstehenden Füllungen.

Pikante Quarkfüllung (für Windbeutel)

200 g	**Frischkäse**
200 g	**Quark, Magerstufe**
1 Bund	**Petersilie**
1 Bund	**Schnittlauch**
	Jodsalz, Pfeffer
2 TL	**Sesamsamen**

Frischkäse und Quark verrühren. Kräuter hacken und unter die Käse-Quark-Masse geben. Mit Salz und Pfeffer würzen. Masse in Windbeutel füllen und nach Belieben mit Sesam bestreuen. Das einfache Rezept reicht zum Füllen von etwa 12 Windbeuteln.

Süße Füllung (für Windbeutel)

500 ml	**Milch (3,5 % Fett)**
1 Päckchen	**Vanillepuddingpulver**
1/2 TL	**Vanille, gemahlen**
2 EL	**Honig (oder Zucker)**
50 g	**Butter oder ungehärtete Pflanzenmargarine**
250 g	**Erdbeeren (oder anderes Obst)**

Aus der Milch, Honig, Vanille und Puddingpulver nach Vorschrift einen Pudding kochen. Etwas abkühlen lassen. Unter den noch warmen Pudding die weiche Butter rühren. Obst waschen, ggf. klein schneiden. Windbeutel mit dem Obst und der Pudding-Buttercreme füllen. Das einfache Rezept reicht als Füllung für etwa 12 Windbeutel.

Tipp(s):

- Beim Einkauf auf ein Puddingpulver ohne künstliche Aromen und Farbstoffe achten oder eine Vanillesoße selbst herstellen (➢ Rezept Seite 159).

Obst ist ein hervorragender Vitamin-C und Kaliumlieferant. Durch seinen Gehalt an Fruchtzucker kann Obst ein guter Ersatz für Süßigkeiten sein. Obst sollte nach Möglichkeit roh und mit Schale gegessen werden, da so wichtige Vitamine, Mineralstoffe und sekundäre Pflanzenstoffe erhalten bleiben. Unter sekundären Pflanzenstoffen verstehen wir z. B. Duft-, Farb- und Aromastoffe, die den Wohlgeschmack und die Bekömmlichkeit des Essens erhöhen und gleichzeitig wichtige Schutzfaktoren zur Prävention verschiedener Krebsarten darstellen.

Praktische Tipps:

- Obst sollten Sie bevorzugt roh essen, ca. 250–300 g pro Tag sind empfehlenswert.
- Bei der Arbeit, dem Sport oder in der Freizeit ist Obst eine ideale Zwischenmahlzeit.
- Nutzen Sie die Süßkraft der Früchte für Nachspeisen aus.
- Kaufen Sie möglichst Obst aus dem ökologischen Landbau, da dort auf synthetische Dünge- und Pflanzenschutzmittel verzichtet wird.
- Bei der Verwendung von Obst aus dem ökologischen Landbau reicht normales Waschen völlig aus. Aber auch bei Nicht-Öko-Obst wird durch gründliches Waschen ein großer Teil der außen anhaftenden Schadstoffe, z. B. der Pflanzenschutzmittel, entfernt.
- Lagern Sie Äpfel und Tomaten nicht gemeinsam mit anderem Obst oder Gemüse. Sie geben das Gas Ethylen ab, das bei benachbart liegendem Obst oder Gemüse zu einem schnelleren Verderb führen kann.
- In diesem Ratgeber sind unsere Obstrezepte eher „klassisch" angelegt. Die herzhafte Seite, die Obst auch zeigen kann, finden Sie in unserem Ratgeber „Obst à la Saison".

Apfel-Crumble

Personen: 8

4	Äpfel
60 ml	Zitronensaft
50 g	Rosinen
4 EL	Honig (oder Zucker)
6 EL	Weizenvollkornmehl
200 g	Haferflocken (kernig)
2 EL	Pflanzenöl
1/2 TL	Zimt
1 Prise	Jodsalz

Äpfel gründlich waschen, entkernen und klein würfeln oder grob raspeln. Rosinen in heißem Wasser für 5 min einweichen. Äpfel mit Zitronensaft, der Hälfte des Honigs und den gut abgetropften Rosinen vermischen und in eine gefettete Auflaufform geben. Mehl, Haferflocken, Zimt, Salz, restlichen Honig mit dem Öl zu Streuseln verarbeiten. Diese Streusel auf die Äpfel geben. Im Backofen bei 180 °C 30–40 min backen.

Tipp(s):

- Den Apfel-Crumble kann man sowohl warm (mit Vanilleeis) als auch kalt (mit warmer Vanillesoße) essen.
- Sehr schmackhaft ist es auch, wenn man die Rosinen bereits 60 min vorher in Wein einweicht.
- Anstelle der Haferflocken-Streusel können Sie auch einfache und köstliche Zimt-Streusel aus 50 g Butter oder ungehärteter Pflanzenmargarine, 50 g Honig oder Zucker, 100 g Mehl und 1/2 Teelöffel Zimt zubereiten.

Apfel-Kefir-Auflauf

Personen: 8

750 kg	Äpfel
4 EL	Zitronensaft
3 EL	Honig (oder Zucker)
5	Eier
120 ml	Milch (3,5 % Fett)
2 Päckchen	Vanillepuddingpulver
1 Prise	Jodsalz
2 EL	Honig oder Zucker
500 g	Quark, Magerstufe
250 g	Kefir
3 EL	Aprikosenkonfitüre

Äpfel gründlich waschen, vom Kerngehäuse befreien, in Spalten schneiden und mit der Hälfte des Zitronensafts beträufeln. Eine Auflaufform fetten und mit 1 EL Honig auspinseln. Die Äpfel darauf verteilen und den restlichen Honig darüber geben. Eier trennen. Eigelb mit Milch, Puddingpulver, Salz und Honig verrühren. Dann den Quark, Kefir und restlichen Zitronensaft zufügen. Eiklar zu festem Schnee schlagen und unter den Quark heben. Die Masse auf das Obst in der Form geben. Bei 175 °C im Backofen (mittlere Schiene) ca. 50–55 min backen. Die Konfitüre erhitzen, durch ein Sieb streichen und den fertigen Auflauf damit bestreichen.

Beilagen: Apfelkompott, Fruchtsoße.

Tipp(s):

- Den Quark noch mit etwas Zimt würzen.
- Beim Einkauf auf ein Puddingpulver ohne künstliche Aromen und Farbstoffe achten oder eine Vanillesoße selbst herstellen (Rezept Seite 159).
- Der Auflauf lässt sich natürlich auch mit anderem Obst, z. B. Pfirsichen oder Kirschen zubereiten.

Bratäpfel mit Vanillesoße

Personen: 4

neu

4	**Äpfel (säuerlich, z. B. Boskop)**
1 TL	**Zimt**
10 g	**Rosinen**
20 g	**Haselnusskerne, gehackt**
1 TL	**Butter (für die Form)**
1 Päckchen	**Vanillepuddingpulver**
750 ml	**Milch (3,5 % Fett)**
2 EL	**Honig (oder Zucker)**

Äpfel gründlich waschen und das Kerngehäuse ausstechen. Eine Auflaufform fetten und die Äpfel hinein setzen. Zimt, Rosinen und Nüsse mischen und in die Apfellöcher füllen. Im Backofen bei 200 °C 20–30 min backen. Während dieser Zeit den Vanillepudding nach Anweisung kochen, dabei allerdings die größere Milchmenge nehmen.

Tipp(s):

- Beim Einkauf auf ein Puddingpulver ohne künstliche Aromen und Farbstoffe achten oder eine Vanillesoße selbst herstellen (➢ Rezept Seite 159).

Fruchteis

Personen: 4

500 g	**Himbeeren (oder Erdbeeren)**
1 TL	**Zitronensaft**
1 EL	**Honig (oder Zucker)**
200 ml	**Schlagsahne**

Die verlesenen Himbeeren oder Erdbeeren zusammen mit Zitronensaft und Honig pürieren. Sahne steif schlagen und unter das Püree ziehen. Anschließend das Ganze ins Gefrierfach stellen. Nach 60 min das Angefrorene nochmals durchrühren, damit die Wasserkristalle nicht zu groß werden.

Rote Grütze

Personen: 8

500 g	**Sauerkirschen, entsteint**
150 g	**Rote Johannisbeeren**
100 g	**Schwarze Johannisbeeren**
250 g	**Erdbeeren (oder Himbeeren)**
125 ml	**Kirschsaft**
500 ml	**Wasser**
50 g	**Hafermehl (oder Schmelzflocken)**

Die Hälfte der Früchte mit Kirschsaft und Wasser aufkochen. Hafermehl bzw. Schmelzflocken sehr langsam einrühren. Ca. 10 min quellen lassen. Den Rest der Früchte dazugeben und kalt stellen.

Beilagen: Vanillesoße (➢ Rezept Seite 159), lauwarm serviert.

Tipp(s):

- Anstelle der Vanillesoße schmeckt auch leicht angeschlagene, halb flüssig, mit etwas Vanille aromatisierte Sahne gut zur Grütze. Oder man isst sie einfach mit kalter Milch.

gemüse und hülsenfrüchte

Die meisten **Gemüsearten** enthalten wegen ihres hohen Wassergehaltes wenig Energie (Kalorien/Joule), dafür aber große Mengen an Vitaminen, Mineralstoffen, sekundären Pflanzenstoffen und Ballaststoffen.

Empfehlungen, möglichst die Hälfte der täglichen Gemüsemenge roh zu essen, berücksichtigen, dass einige Vitamine, aber vor allem die sekundären Pflanzenstoffe (hitze-)empfindlich sind.

Gemüse aus dem ökologischen Landbau wird nicht mit chemisch-synthetischen Dünge- und Pflanzenschutzmitteln behandelt und enthält in der Regel weniger Nitrat. Der Nitratgehalt von Gemüse ist abhängig von verschiedenen Faktoren, z. B. der Pflanzenart, der Höhe der Stickstoffdüngung und der Intensität der Sonneneinstrahlung. Die in der sonnenlichtarmen Zeit im Treibhaus- oder Folienanbau erzeugten Gemüse weisen deshalb höhere Nitratgehalte auf als saisongerecht im Freiland gereiftes Gemüse. Fragen Sie nach Freilandgemüse; eine gesetzlich vorgeschriebene Kennzeichnung hierfür gibt es leider nicht.

Zu den **Hülsenfrüchten** zählen botanisch die reifen, trockenen Samen von Pflanzen aus der Familie der Schmetterlingsblütler (Leguminosen). Dazu gehören z. B. Bohnen, Erbsen, Linsen und Kichererbsen. Hülsenfrüchte enthalten viel Eiweiß. Erheblich wertvoller wird dieses Eiweiß durch die Kombination mit Getreide, Ei oder Milchprodukten. Neben ihrem Eiweißgehalt zeichnen sich Hülsenfrüchte durch ihren hohen Kohlenhydrat- und Ballaststoffanteil aus. Linsen werden von vielen Menschen besser vertragen als andere Hülsenfrüchte. Die sprichwörtlichen Verträglichkeitsprobleme „Jedes Böhnchen gibt ein Tönchen" können mit Linsen und einer langsamen Gewöhnung an mehr Hülsenfrüchte umgangen werden.

Praktische Tipps:

- Pro Tag sollten ca. 200 g gegartes Gemüse, ca. 150 g rohes Gemüse und ca. 50 g Blattsalate gegessen werden. Ist Ihnen die Gemüsemenge zu groß, können auch (ungesüßte, wenig gesalzene) Gemüsesäfte eine Alternative sein.
- Mengen pro Person:

Gemüse als warme Beilage:	200 g
Gemüse als Rohkost:	100–150 g
Gemüse als Vorspeise:	80–100 g
Blattgemüse als Rohkost:	100 g
Blattgemüse als Vorspeise:	ca. 50 g

- Wird zu Beginn jeder Hauptmahlzeit eine Rohkost (z. B. ein Salat oder ein paar Gemüsestückchen) angeboten, ist der Hunger anschließend nicht mehr so groß und hilft oft ein Zuviel an Kalorien einzusparen.
- Essen Sie möglichst „bunt". Das ist nicht nur schön fürs Auge, sondern liefert auch die unterschiedlichsten sekundären Pflanzenstoffe.
- Gemüse macht jedes Butterbrot saftiger und eignet sich auch gut als „Solobelag". Tomaten, Gurken, Kohlrabi, Paprika, Möhren, Radieschen, aber auch Sprossen oder frische Kräuter machen aus jedem Brot eine Delikatesse.
- Einige unserer Rezepte enthalten als Zutat Tomatenmark. Es bietet vor allem in den tomatenarmen Monaten eine gute Alternative und ist als Soßengewürz vielseitig einsetzbar. Tomatenmark muss nicht unbedingt aus der Dose oder der Tube kommen. Mittlerweile erhalten Sie es auch in Öko-Qualität im Glas.

Blumenkohl mit Möhrensoße

Personen: 4

1 Kopf	**Blumenkohl**
200 g	**Möhren**
100 g	**Zwiebeln**
1 EL	**Butter**
250 ml	**Gemüsebrühe**
2 EL	**Milch**
125 g	**Crème fraîche**
	Jodsalz
	Cayennepfeffer
1 TL	**Zitronensaft**
1/2 Bund	**Petersilie**

Den Blumenkohl in Röschen teilen und diese 10–15 min in Salzwasser garen. Möhren schälen und grob in Stücke schneiden. Zwiebeln schälen und würfeln. Möhren und Zwiebeln in Butter andünsten, mit der Brühe angießen. Zugedeckt ca. 15 min garen. Das Möhren-Zwiebel-Gemüse mit der Brühe pürieren und mit Crème fraîche, Salz, Cayennepfeffer und Zitronensaft abschmecken. Die Petersilie fein hacken und unter die Soße mischen. Die Blumenkohlröschen auf einer Platte anrichten und die Soße dazureichen.

Tipp(s):

- Statt Möhrensoße kann auch eine Tomatensoße (➢ Rezept Seite 202) dazu gereicht werden.

Bunter Nudelauflauf

Personen: 6

250 g	**Vollkornnudeln**
500 g	**Tomaten**
400 g	**Auberginen**
600 g	**Zucchini**
200 g	**Erbsen**
250 g	**Möhren**
1	**Knoblauchzehe**
1 Bund	**Thymian**
3	**Eier**
100 g	**Saure Sahne**
100 g	**Emmentaler, gerieben**
	Jodsalz, Pfeffer
	Edelsüßpaprika

Nudeln in viel Salzwasser knapp gar kochen. Anschließend gut mit kaltem Wasser abbrausen, damit die nicht zusammenkleben. Gemüse sorgfältig waschen; Tomaten in kleine, Auberginen in große Würfel, Zucchini und Möhren in Scheiben schneiden. Die einzelnen Gemüsesorten jeweils in wenig Wasser andünsten, mit etwas Salz und Pfeffer würzen. In eine gefettete Auflaufform kommt zuerst eine Schicht Nudeln. Darauf schichtet man die Auberginen, darauf die Tomaten, dann wieder Nudeln, nun die Zucchini, die Möhren und die Erbsen. Zuletzt werden die restlichen Nudeln darüber verteilt. Aus Eiern, saurer Sahne, fein geriebenem Käse, Thymianblättern, Knoblauch, Salz, Pfeffer, Paprika eine Soße rühren und das Ganze damit übergießen. Bei 175 °C 55 min backen.

Champignon-Zwiebel-Möhren-Gemüse

Personen: 4

400 g	**Zwiebeln**
400 g	**Möhren**
1 EL	**Pflanzenöl**
3 EL	**Gemüsebrühe (oder Wasser)**
400 g	**Champignons**
1/2 TL	**Koriander**
1 TL	**Thymian**
2 EL	**Petersilie, gehackt**
2 TL	**Butter**
	Jodsalz, Pfeffer

Zwiebeln schälen und achteln. Möhren schälen oder bürsten und in Scheiben schneiden. Öl und ein Drittel der Brühe erhitzen und die Zwiebeln darin glasig dünsten. Möhren und restliche Brühe zufügen und weitere 10 min dünsten. Champignons putzen, waschen und je nach Größe halbieren. Koriander und Thymian mit den Pilzen zu den Möhren geben und nochmals 10 min dünsten. Gehackte Petersilie und Butter untermischen und mit Salz und Pfeffer abschmecken.

Tipp(s):

- Wer's mag, kann die Brühe oder das Wasser gegen Weißwein austauschen.

Beilagen: Getreidebratlinge (➢ Rezept Seite 78).

Erbsencremesuppe

Personen: 4

250 g	**gelbe Erbsen (geschält)**
1,25 l	**Gemüsebrühe**
100 g	**Weizenvollkornbrot**
1 EL	**Butter**
1 Bund	**Schnittlauch**
100 g	**Crème fraîche**
	Jodsalz, Pfeffer
	Muskat

Tipp(s):

- Statt mit Brotwürfeln mit Sahnehäubchen servieren.
- Wurden die Erbsen vorher eingeweicht, verkürzt sich die Garzeit erheblich.

Erbsen in die Brühe geben und ca. 60 min garen. Brot würfeln und in der Butter anrösten. Schnittlauch in Röllchen schneiden. Gegarte Erbsen in der Brühe pürieren. Crème fraîche unterrühren und mit Salz, Pfeffer und Muskat kräftig würzen. Die Suppe mit den gerösteten Brotwürfeln und Schnittlauch servieren.

Gurkengemüse

Personen: 4

1,5	**Salatgurken**
2	**Zwiebeln**
2 EL	**Butter**
	Jodsalz, Pfeffer
	Edelsüßpaprika

Gurken schälen, längs halbieren und die Kerne entfernen. Die Gurken in etwa 1 cm dicke Scheiben schneiden. Zwiebeln abziehen und fein würfeln. Butter erhitzen, die Zwiebeln darin glasig dünsten. Dann die Gurkenstücke zufügen und zugedeckt bissfest dünsten. Mit den Gewürzen abschmecken.

Beilagen: Fisch-Gemüse-Klößchen, Kabeljau in Senfsoße, Fischnester oder Vollkornspätzle mit Käse. (➢ Rezepte Seiten 164, 167, 165 und 82).

Gefüllte Paprikaschoten

Personen: 4

200 g	**Möhren**
100 g	**Grünkern**
2 EL	**Butter**
500 ml	**Gemüsebrühe**
50 g	**Frühlingszwiebeln**
150 g	**Gouda**
1 Bund	**Petersilie**
	Jodsalz, Pfeffer
400 g	**gemischte Paprika**
30 g	**Vollkornmehl**
150 ml	**Sahne**
1 EL	**Senf**

Möhren schälen, und in dünne Scheiben schneiden. Grünkern in 10 g Butter (etwa 1/2 EL) andünsten, Möhren zugeben und mit 250 ml Brühe ablöschen. 20 min bei geringer Hitze garen. Frühlingszwiebeln in Ringe schneiden. Den Käse reiben. Die Hälfte der gehackten Petersilie, die Frühlingszwiebeln und die Hälfte des Käses unter die Grünkernmasse rühren, mit Salz und Pfeffer würzen. Paprikaschoten längs halbieren und mit der Grünkernmasse füllen.

In eine gefettete Auflaufform setzen, mit dem restlichen Käse bestreuen und die restliche Brühe zugießen. Zugedeckt im Backofen bei 200 Grad ca. 25 min garen.

Abdeckung entfernen und weitere 10 min backen. Mehl im restlichen Fett anschwitzen, mit Sahne ablöschen und etwa 5 min kochen. Mit Salz, Pfeffer, Senf und Petersilie würzen und zu den Paprikaschoten servieren.

Tipp(s):

- Wer es etwas strenger mag, kann auch Gruyere, Emmentaler oder alten Gouda verwenden.
- Zu den gefüllten Paprikaschoten schmecken ganz köstlich Pellkartoffeln oder Reis.

Gemüse-Lasagne

Personen: 4

200 g	**Vollkorn-Lasagnenudeln**
1	**Zwiebel**
1,5 EL	**Pflanzenöl**
250 ml	**Milch (3,5 % Fett)**
500 ml	**Gemüsebrühe (Soße)**
6 EL	**Weizenvollkornmehl**
	Jodsalz, Pfeffer
	Muskat
250 g	**Möhren (oder Paprika)**
250 g	**Porree (oder Sellerie)**
250 g	**Kohlrabi (oder Brokkoli)**
40 g	**Tomatenmark**
100 ml	**Gemüsebrühe**
100 g	**Gouda, gerieben**

Die Nudeln gemäß Anweisung vorkochen. Für die Soße Zwiebel würfeln und in Öl andünsten. Mehl einrühren und kurz anschwitzen. Milch und Brühe hinzugeben und unter Rühren aufkochen lassen. Mit Salz, Pfeffer und Muskat abschmecken. Das Gemüse waschen, putzen und in dünne Scheiben, Ringe oder Stücke schneiden und in der Brühe 5 min dünsten. Tomatenmark dazugeben. In eine gefettete Auflaufform eine Lage Nudeln geben. Darauf die Hälfte der Gemüsemischung verteilen und ein Drittel der Soße darüber gießen. Ein Drittel des geriebenen Käses darüber streuen, dann eine zweite Lage einfüllen, wieder mit den Nudeln beginnen. Zum Abschluss noch eine Lage Nudeln und den Rest der Soße darauf verteilen. Mit dem restlichen Käse bestreuen. Bei 175 °C 35–40 min backen lassen.

Tipp(s):

- Am besten nehmen Sie Lasagneplatten oder breite Bandnudeln, die nicht mehr vorgekocht werden müssen.

Grünkohlauflauf

Personen: 4

1 kg	Grünkohl (frisch oder Tiefkühl-)
2	Zwiebeln
125 ml	Gemüsebrühe
1	Zwiebel (Tomatensoße)
1 EL	Butter (Tomatensoße)
1	Knoblauchzehe
1 Dose	Tomaten (groß)
	Jodsalz, Pfeffer,
	Oregano, Muskat
	Senf
2 EL	Butter (helle Soße)
1	Zwiebel (helle Soße)
4 EL	Weizenvollkornmehl
250 ml	Gemüsebrühe (helle Soße)
250 ml	Milch (3,5 % Fett)
50 g	Gouda, gerieben

Den Grünkohl mit klein geschnittener Zwiebel und Gemüsebrühe ca. 30 min garen. Mit Salz, Pfeffer und etwas Senf abschmecken. Für die Tomatensoße gewürfelte Zwiebel und zerdrückten Knoblauch in Butter andünsten, die Tomaten zufügen und ca. 10 min garen. Mit Salz, Pfeffer und Oregano abschmecken. Für die helle Soße sehr fein gewürfelte Zwiebel in Butter kurz andünsten, das Mehl zugeben. Unter ständigem Rühren dünsten, ohne dass das Mehl Farbe annimmt. Nach und nach bei geringer Hitze die Gemüsebrühe und die Milch unter Rühren zugeben, bis die Masse glatt ist. Die Soße aufkochen lassen und mit Salz, Pfeffer und Muskat abschmecken. In einer Auflaufform zuerst eine Schicht Grünkohl, dann eine Schicht Tomaten und eine Schicht helle Soße folgen lassen. Mit etwas Käse bestreuen. Wieder je eine Schicht Grünkohl, Tomaten und helle Soße. Zum Schluss mit Käse bestreuen und auf mittlerer Schiene des Backofens geben. Bei 175–200 °C 20–30 min backen.

Beilagen: Rohkostsalat, Vollkornbaguette, Bauernbrot, Pellkartoffeln.

Kohlrabi-Möhren-Gemüse

Personen: 4

600 g	**Kohlrabi**
300 g	**Möhren**
1 EL	**Butter**
1 TL	**Curry**
1	**Knoblauchzehe**
200 ml	**Gemüsebrühe**
100 ml	**Schlagsahne**
	Jodsalz
	Cayennepfeffer

Kohlrabi und Möhren schälen und in feine Stifte schneiden. Butter in einem großen Topf erhitzen und das Gemüse darin 3 min andünsten. Das Gemüse mit Curry bestäuben, durchgepressten Knoblauch zufügen und kurz mitdünsten. Mit der Brühe ablöschen und 10 min garen. Sahne zufügen und kurz aufkochen lassen. Pikant abschmecken mit Salz und Cayennepfeffer.

Kürbissuppe

Personen: 4

500 g	**Kürbisfleisch**
1 EL	**Butter**
1 l	**Gemüsebrühe**
100 g	**Crème fraîche**
	Jodsalz, Pfeffer

Kürbis waschen und in kleine Würfel schneiden, dabei die Kerne entfernen. Butter in einem Topf erhitzen und die Kürbiswürfel anschwitzen. Mit der Gemüsebrühe auffüllen und 20 min köcheln lassen. Danach die Suppe pürieren und mit Crème fraîche, Salz und Pfeffer abschmecken.

Tipp(s):

- Hierzu schmecken gut Brotcroutons.

Linsen-Dinkel-Curry

Personen: 6

300 g	**Linsen**
100 g	**Dinkel (oder Weizen)**
300 g	**Porree**
1 EL	**Butter**
1 EL	**Curry**
50 g	**Mandeln, geschält**
1/2	**Ananas**
	Jodsalz
1 TL	**Ingwer**
1	**Knoblauchzehe, zerdrückt**
1 l	**Wasser**

Linsen und Dinkel 6–10 Stunden in Wasser einweichen. Porree putzen, in Ringe schneiden und in Butter glasig dünsten. Linsen und Körner abtropfen lassen, das Wasser auffangen. Linsen und Dinkel zum Porree geben und mit Curry würzen. Einweichwasser zugeben und ca. 40 min garen. Mandeln längs halbieren, ohne Fett in einer Pfanne hellgelb rösten. Ananas schälen, Strunk entfernen, Fruchtfleisch würfeln und zusammen mit den Mandeln zum Curry geben. Mit Ingwer, Knoblauch und Salz abschmecken.

Beilagen: Dazu passen Vollkornbrötchen.

Tipp(s):

- Mit Möhren statt Ananas wird das Curry optisch bunter. Diese dann – in Scheiben oder Würfeln – 15 min mitgaren.
- Porree kann auch mal durch (Frühlings-)Zwiebeln ausgetauscht werden.

Möhren- oder Zucchini-Puffer

Personen: 4

Tipp(s):
- Mit einem Rohkostteller vorab ergibt dies ein komplettes Hauptmenü.
- Wer es herzhafter möchte, fügt einige glasig gedünstete Zwiebelwürfel und anstelle von Petersilie Schnittlauch zum Teig hinzu.

600 g	**Möhren (oder Zucchini)**
3	**Eier**
4	**EL Weizenvollkornmehl**
	Jodsalz, Pfeffer
1 EL	**Petersilie, gehackt**
2 EL	**Pflanzenöl (zum Braten)**

Gemüse putzen und raspeln. Mit den weiteren Zutaten mischen und kleine Puffer ausbacken.

Beilagen: Pellkartoffeln mit Kräuterquark.

Paprikagemüse

Personen: 4

600 g	**Paprikaschoten**
100 g	**Zwiebeln**
1 EL	**Pflanzenöl**
50 ml	**Wasser**
3 EL	**Tomatenmark**
	Jodsalz, Pfeffer

Tipp(s):
- Optisch besonders ansprechend ist das Gemüse, wenn verschiedenfarbige Schoten verwendet werden.

Paprikaschoten waschen und in Streifen schneiden. Zwiebeln würfeln und im Öl glasig dünsten. Paprikastreifen und Wasser zufügen und etwa 15 min dünsten. Mit Tomatenmark und den Gewürzen abschmecken.

Pilzragout mit Kartoffeln

Personen: 4

1 kg	Kartoffeln
100 g	Zwiebeln
2 TL	Pflanzenöl
500 g	Champignons
250 g	Pfifferlinge (frisch oder Glas)
2 EL	Weizenvollkornmehl
250 ml	Gemüsebrühe
1 Bund	Petersilie
	Jodsalz, Pfeffer

Kartoffeln als Pellkartoffeln kochen. In der Zwischenzeit die Zwiebeln fein würfeln und im Öl glasig dünsten. Die Champignons und Pfifferlinge putzen, waschen, scheibeln und zu den Zwiebeln geben. Kurz dünsten und mit dem Mehl bestäuben. Mit der Brühe ablöschen und etwa 5 min garen. Petersilie hacken und zwei Drittel davon unter das Ragout rühren. Mit Salz und Pfeffer abschmecken und mit den gepellten Kartoffeln und der restlichen Petersilie bestreut servieren.

Porreetopf

Personen: 4

750 g	Porree
250 g	Tomaten
1 EL	Butter
2 EL	Weizenvollkornmehl
125 ml	Gemüsebrühe
250 ml	Milch (3,5 % Fett)
	Jodsalz, Pfeffer
	Muskat
100 g	Blauschimmelkäse

Porree putzen, waschen und in Ringe schneiden. Tomaten waschen und würfeln. In einem Topf die Butter zerlassen, das Mehl zugeben und anschwitzen. Unter Rühren die Brühe und die Milch zugießen und aufkochen lassen. Soße mit Salz, Pfeffer und Muskat abschmecken. Den Porree zugeben und bei milder Hitze 10–12 min ziehen lassen. Den Käse, falls nötig, entrinden und würfeln. Tomatenwürfel und Käse unter das Gemüse mischen und sofort servieren.

Beilagen: Vollkornnudeln.

Tipp(s):

- Statt Blauschimmelkäse einen Briekäse nehmen.

Porree–Quiche

Personen: 6

150 g	Weizenvollkornmehl
1/2 TL	Jodsalz
1 TL	Zitronensaft
50 g	Butter oder ungehärtete Pflazenmargarine
2 EL	Wasser
1 kg	Porree
2 EL	Butter
80 g	Gouda
2 EL	Weizenvollkornmehl (Belag)
100 g	Saure Sahne
100 g	Jogurt
4	Eier

Aus Mehl, Salz, Zitronensaft, gekühlter Butter und Wasser einen glatten Teig kneten und dann 2 Stunden kühl stellen. Knetteig in eine Springform (26 cm) legen, am Rand ca. 3–4 cm hochdrücken und 10 min bei 200 °C vorbacken. Porree sorgfältig waschen und in dünne Scheiben schneiden. Die Porreescheiben in der Butter andünsten, bis sie sich goldbraun färben, mit Salz und Pfeffer würzen. Den Käse reiben und mit 2 EL Mehl vermischen. Eier mit Sahne, Jogurt und etwas Salz verschlagen. Den gedünsteten Porree auf dem Teigboden verteilen und gleichmäßig mit dem Käse bestreuen. Darüber das Eiergemisch gießen. Mit Salz und Pfeffer würzen. Zunächst bei 200 °C 15 min backen, dann bei 165 °C noch 30 min weiter garen.

Tipp(s):

- Die Quiche schmeckt auch mit Tomaten. Dann entfällt die Butter zum vorherigen Dünsten des Gemüses.

Sauerkrautauflauf

Personen: 4

600 g	**Kartoffeln**
2	**Zwiebeln**
2 TL	**Butter**
600 g	**Sauerkraut**
40 g	**Tomatenmark**
4	**Eier**
250 ml	**Milch (3,5 % Fett)**
2 EL	**Sonnenblumenkerne**
	Majoran
	Muskat

Kartoffeln mit Schale in Wasser 20 min garen. Zwiebeln schälen, würfeln und in Butter dünsten. Sauerkraut dazugeben und 5 min mitdünsten. Die Masse in eine gefettete Auflaufform geben. Kartoffeln pellen, in Würfel schneiden und darüber schichten. Darauf die trocken angerösteten Sonnenblumenkerne streuen. Aus Eiern, Milch, Tomatenmark und Gewürzen eine Soße rühren und über den Auflauf gießen. Bei 175 °C ca. 60 min im Backofen garen.

Tipp(s):

- Je nach Sauerkrautsorte kann der Geschmack mit einem klein geschnittenen Apfel abgemildert werden.
- Anstelle der Kartoffeln kann man auch gut Vollkornnudeln verwenden.
- Im Sommer schmecken auch Tomaten anstelle der Sonnenblumenkerne im Auflauf.

Spinat-Kartoffel-Gratin

Personen: 6

2 kg	**Spinat**
300 ml	**Milch (3,5 % Fett)**
250 ml	**Schlagsahne**
1	**Knoblauchzehe, zerdrückt**
	Muskat
	Jodsalz, Pfeffer
300 g	**Gorgonzola-Käse**
1 kg	**Kartoffeln**
1 TL	**Pflanzenöl (Form)**

Den frischen Spinat putzen und in Salzwasser 5 min blanchieren und gut ausdrücken. Milch mit Sahne, Knoblauch, Muskatnuss, Salz und Pfeffer würzen. Den zerkrümelten Gorgonzola untermischen und alles miteinander pürieren. Die Kartoffeln schälen und in dünne Scheiben schneiden. Kartoffeln und Spinat jeweils nebeneinander in einer gefetteten Auflaufform anordnen und mit dem Käse-Sahne-Gemisch übergießen. Im Backofen auf der untersten Schiene 60 min bei 200 °C backen.

Tipp(s):

- Anstelle von frischem Spinat kann auch Tiefkühlspinat eingesetzt werden, etwa 1 kg.
- Dieses Gratin können Sie auch mit vielen anderen Gemüsen zubereiten, z. B. mit Möhren, Zucchini, Rosenkohl, Wirsing, Porree, Kohlrabi.
- Wenn Sie Fett einsparen möchten, ersetzen Sie 100 ml Sahne durch Milch und nehmen Sie weniger Käse.
- Statt Gorgonzola können Sie auch Gouda nehmen.

Türkische Zitronen-Bohnen

Personen: 4

600 g	dicke Bohnen (ausgepalt)
4	Zwiebeln
2	Knoblauchzehen
2 EL	Butter
250 ml	Gemüsebrühe
1/2 TL	Rosmarin
1/2 TL	Thymian
1	Lorbeerblatt
	Jodsalz
	Pfeffer, schwarz
1 Msp.	Honig
2 TL	Olivenöl
50 g	schwarze Oliven (ohne Stein)
1 EL	Petersilie, fein gehackt
1	Zitrone, unbehandelt

Die dicken Bohnen waschen und abtropfen lassen. Zwiebeln fein würfeln und in der Butter glasig dünsten. Knoblauch dazu pressen und kurz mitdünsten lassen. Die abgetropften Bohnen zufügen und alles mit der Gemüsebrühe auffüllen. Thymian, Rosmarin und Lorbeerblatt zufügen und mit Honig, Salz und Pfeffer würzen und 35 min leicht köchelnd garen lassen. Das Lorbeerblatt entfernen und die Bohnen auf ein Sieb geben und gut abtropfen lassen. Die aufgefangene Gemüsebrühe kann später noch für eine Soße oder Suppe verwendet werden. Inzwischen die Zitrone schälen. Dabei sollte auch die weiße Haut abgezogen werden. Die Zitrone dann in feine Würfel schneiden. Die Oliven halbieren. Die noch warmen Bohnen nochmals mit Salz und Pfeffer abschmecken und mit dem Olivenöl vermengen. Dann die Zitronenwürfel, die Oliven und die gehackte Petersilie unterrühren. Direkt servieren.

Beilagen: Frisch gebackene Vollkornbrötchen, Norwegisches Fladenbrot (➢ Rezept Seite 89) oder Vollkornbaguette.

Tipp(s):

- Es werden 2,5 kg dicke Bohnen mit Hülsen benötigt. Daraus lassen sich dann etwa 600 g auspalen.
- Schneller geht es mit dicken Bohnen aus dem Glas.
- Schmeckt auch gut ohne Zitronenwürfel, dann mit dem Saft einer halben Zitrone würzen.

Weiße-Bohnen-Eintopf

Personen: 6

500 g	weiße Bohnen
300 g	Zwiebeln
300 g	rote Paprikaschoten
5	Knoblauchzehen
2 EL	Pflanzenöl
3	Lorbeerblätter
1 TL	Rosmarin
300 g	Crème fraîche
4 EL	Tomatenmark
	Jodsalz, Cayennepfeffer

Bohnen über Nacht in 2 Liter Wasser einweichen. Zugedeckt 1 Stunde bei schwacher Hitze garen. Zwiebeln schälen und in Längsspalten schneiden. Paprika waschen und in Streifen schneiden. Das Öl in einem großen Topf erhitzen und die Zwiebel- und Paprikastreifen mit dem zerdrückten Knoblauch zugeben und andünsten. Mit Rosmarin, Salz und Cayennepfeffer kräftig würzen. Die Bohnen mit dem Bohnenwasser zufügen. Crème fraîche und Tomatenmark unterrühren und auf der untersten Schiene im Backofen bei 175 °C weitere 90 min garen.

Weißkohlgemüse mit Senf

Personen: 4

700 g	Weißkohl
2 EL	Butter
250 ml	Gemüsebrühe
	Jodsalz, Pfeffer
2 EL	Weizenvollkornmehl
2 TL	Senf, mittelscharf
1 TL	Essig (Balsamico-)

Den Kohl putzen und in kleine Streifen schneiden. Gut die Hälfte der Butter in einem großen Topf erwärmen und den Kohl darin kurz anbraten. Mit der Gemüsebrühe ablöschen, mit Salz und Pfeffer würzen und bei milder Hitze 15 min garen. Kohl abgießen, das Gemüsewasser dabei auffangen. Die restliche Butter im Topf erwärmen und mit dem Mehl kurz anschwitzen. Gemüsebrühe auffüllen, mit Senf, Essig, Salz und Pfeffer würzen und das Gemüse wieder zugeben.

Zucchinikuchen

Personen: 4

75 g	**Butter oder ungehärtete Pflanzenmargarine**
150 g	**Weizenvollkornmehl**
1/2 TL	**Jodsalz**
	Wasser
1 TL	**Zitronensaft**
750 g	**Zucchini**
100 g	**Parmesan und Emmentaler, gerieben**
2	**Eier**
150 g	**Saure Sahne**
1 Bund	**Schnittlauch**
	Pfeffer

Butter in kleine Flöckchen zerteilen, mit dem Mehl und dem Salz verrühren. Etwas Wasser mit Zitronensaft mischen und nach und nach unter das Butter-Mehl-Gemisch geben. Solange kneten, bis ein krümeliger Teig entsteht. 60 min in den Kühlschrank. Die Zucchini waschen, in 0,5 cm dicke Scheiben schneiden und in kochendem Salzwasser 5 min dünsten, Wasser abgießen. Den Käse mischen, die Hälfte unter den Teig arbeiten. Dann den Knetteig in eine Springform (26 cm) legen, am Rand etwa 3–4 cm hochdrücken und bei 220 °C ca. 10 min vorbacken. Eier trennen. Eigelb und saure Sahne verschlagen, den gehackten Schnittlauch zufügen. Eiklar zu Schnee schlagen und unter das Eigelb heben. Masse mit Salz und Pfeffer abschmecken. Einen Teil der Zucchinischeiben dicht auf den vorgebackenen Boden legen und mit einer dünnen Schicht Eiercreme überziehen. 2–3 weitere Schichten in gleicher Weise aufbauen. Zum Schluss Eiercreme überstreichen und die restliche Käsemischung obenauf streuen. Zunächst bei 220 °C 10 min backen, dann die Temperatur auf 160 °C reduzieren und weitere 30–40 min backen.

Tipp(s):

- Statt Zucchini können auch Porree und/oder Tomaten (ungedünstet) als Gemüsemischung genommen werden.
- Je nach Geschmack (Gemüsebiss) kann man auf das Dünsten auch ganz verzichten.

Bunter Gemüsesalat

Personen: 6

300 g	Kartoffeln, festkochend
300 g	Möhren
200 g	grüne Bohnen, frisch
200 g	Erbsen, frisch (ausgepalt)
500 g	Blumenkohl
700 g	Salatgurken
3 EL	Olivenöl
3 EL	Essig (Rotwein-)
1 EL	Zitronensaft
1 TL	Senf
	Jodsalz, Pfeffer

Kartoffeln und Möhren in kleine Würfel schneiden. Grüne Bohnen klein schneiden. Kartoffeln, Möhren, Bohnen und Erbsen in Salzwasser 5–7 min garen. Blumenkohl in kleine Röschen teilen und ca. 3–4 min mitgaren. Gurke schälen, würfeln und mit dem abgekühlten Gemüse mischen. Aus Öl, Essig, Zitronensaft und Gewürzen eine Salatsoße zubereiten und zum Gemüse geben. Den Salat ca. 1–2 Stunden durchziehen lassen.

Bunte Salatschüssel

Personen: 4

400 g	Tomaten
300 g	Paprikaschoten
700 g	Salatgurken
1/2	Zwiebel
150 g	Eisbergsalat
2 EL	Kräuter, gehackt
	Jodsalz, Pfeffer
50 ml	Zitronensaft
1 TL	Obstessig
150 g	Jogurt

Tomaten waschen und achteln. Die Paprika vierteln, Kerne und Rippen entfernen und in Streifen schneiden. Die Gurke schälen und hobeln. Zwiebel schälen und scheibeln. Salat in einzelne Blätter zerlegen, waschen, abtropfen lassen und in 2 cm breite Streifen schneiden. Alle Gemüse vorsichtig mischen. Für die Salatsoße Kräuter, Gewürze, Zitronensaft, Essig und Jogurt mischen und dann kräftig abschmecken. Kurz vor dem Servieren Salat und Soße vermengen.

Bunter Sprossensalat

Personen: 4

8 EL	**Sprossen**
150 g	**rote Paprikaschoten**
150 g	**gelbe Paprikaschoten**
1	**Möhre**
2	**Zwiebeln**
2	**Tomaten**
1	**Salatgurke**
2 EL	**Olivenöl**
3 EL	**Essig**
	Kräutersalz, Pfeffer
1 TL	**Senf**
	Zitronensaft
2 EL	**Dill, gehackt**

Die Gemüse waschen und würfeln oder in Streifen schneiden. Die Gurke nicht zu fein raspeln. Essig mit den Gewürzen, Senf und Dill verrühren und dann langsam das Öl zugeben und kräftig verrühren. Abschmecken. Gemüse mit den Sprossen mischen und alles mit der Salatsoße vermengen.

Tipp(s):

- Wie Sie die Sprossen selbst ziehen können, finden Sie auf Seite 73.

Endiviensalat mit Käse

Personen: 4

1 Kopf	Endiviensalat
1	Zwiebel
100 g	Gouda
1 EL	Haselnusskerne, gehackt
3 EL	Essig (Balsamico-)
1 EL	Senf, mittelscharf
3 EL	Pflanzenöl
3 EL	Kräuter, gemischt
1 TL	Honig
60 ml	Orangensaft
	Jodsalz, Pfeffer

Endiviensalat waschen und in mundgerechte Stücke zerpflücken. Zwiebel fein hacken. Käse in kleine Würfel schneiden oder sehr grob reiben. Aus den übrigen Zutaten eine Soße herstellen. Endivien mit Käse und Zwiebeln mischen und kurz vor dem Servieren mit der Soße vermengen.

Fruchtiger Eisbergsalat

Personen: 4

1 Kopf	Eisbergsalat
250 g	Äpfel, rot
1	Orange
1 Msp.	Pfeffer
1/2 TL	Senf
3 EL	Essig (Weißwein- oder Zitrone)
1,5 EL	Pflanzenöl
1 TL	Honig
5	Walnusskerne, gerieben

Eisbergsalat putzen, waschen, in 2 cm breite Streifen schneiden. Die Äpfel gründlich waschen, achteln, Kerngehäuse entfernen. Spalten in feine Scheiben schneiden. Orangen schälen, Spalten ebenfalls scheibeln. Gemüse und Obst mischen. Für die Salatsoße Pfeffer, Senf, Essig und Honig kräftig verrühren. Dann langsam das Öl zugeben, kräftig weiterschlagen. Zuletzt die Nüsse unterheben und alles mit dem Salat vermengen.

Tipp(s):

- Im Sommer ersetzt ein frischer Pfirsich die Orange, Erdbeeren (oder Himbeeren) vielleicht die Äpfel?

Kohlrabi-Möhren-Rohkost

Personen: 4

400 g	**Kohlrabi**
400 g	**Möhren**
4 EL	**Essig (Weißwein-)**
1,5 EL	**Pflanzenöl**
1	**Knoblauchzehe, zerdrückt**
2 TL	**Senf**
	Jodsalz, Pfeffer
	Basilikum
	Honig

Kohlrabi und Möhren schälen und grob raspeln. Aus Essig, Knoblauch, Senf, Salz, Pfeffer, Basilikum und Honig eine Soße rühren. Langsam das Öl unterschlagen. Kohlrabi und Möhren dazugeben und mit der Salatsoße vermengen.

Tipp(s):

- Zur Abwechslung auch einen geraspelten Apfel unterheben.

Kohlrabischeiben mit Nüssen

300 g	**Kohlrabi**
2 EL	**Essig (Balsamico-)**
6 EL	**Pflanzenöl**
	Jodsalz, Pfeffer
1 Bund	**Petersilie**
1 TL	**Meerrettich**
25 g	**Walnusskerne**

Kohlrabi in dünne Scheiben schneiden und auf einem oder mehreren Tellern anrichten. Aus Essig, Öl, Salz, Pfeffer, fein gehackter Petersilie und Meerrettich eine Soße bereiten und über die Kohlrabischeiben träufeln. Mit Walnüssen verzieren.

Linsensalat

Personen: 6

Tipp(s):

- Die verbliebene Gemüsebrühe kann noch als Basis für eine Suppe Verwendung finden, z. B. mit pürierten Reste-Kartoffeln und einigen Gemüseresten.
- Das Garen der Linsen wird im Dampfdrucktopf deutlich beschleunigt (10–15 min)!

160 g	**Linsen, getrocknet**
2 l	**Gemüsebrühe**
200 g	**Möhren**
400 g	**Porree**
4 EL	**Weinessig**
2 TL	**Senf**
1,5 EL	**Pflanzenöl**
	Jodsalz, Pfeffer
1 Bund	**Petersilie, gehackt**

Die einige Stunden eingeweichten Linsen in der Gemüsebrühe ca. 40 min garen. Während der letzten 10 min die klein gewürfelten Möhren zugeben. Dann abgießen und auskühlen lassen. Den Lauch in sehr feine Ringe schneiden, mit den Linsen und Möhren mischen. Aus Essig, Senf, Öl und Gewürzen eine Soße bereiten und mit dem Gemüse und der Petersilie vermengen. Einige Zeit durchziehen lassen.

Sesamstreifen auf Salatbett

Personen: 4

1	**Kopfsalat oder Eisbergsalat**
4	**Eier**
2 EL	**Milch (3,5 % Fett)**
1 EL	**Sojasoße**
1 EL	**Curry**
2 EL	**Sesamsamen**
	Pfeffer, Jodsalz
2 EL	**Pflanzenöl**
50 ml	**Zitronensaft**
1 EL	**Wasser**
1 EL	**Honig**
2 EL	**Kresse**

Eier mit Milch, Sojasoße, Curry und Sesam verrühren. Mit Salz und Pfeffer würzen. Aus der Eiermilch in heißem Öl zwei Eierkuchen von jeder Seite 2 min backen. Die Eierkuchen etwas abkühlen lassen und dann in Streifen schneiden. Den Salat ebenfalls in Streifen schneiden und in einer flachen Auflaufform oder auf einem großen Teller anrichten. Die Pfannkuchenstreifen auf den Salatstreifen anrichten. Den Zitronensaft mit Wasser und Honig verrühren und über den Salat gießen. Mit Kresse bestreut servieren.

Tipp(s):

- Der Salat eignet sich gut für ein Büfett, da er gut vorzubereiten ist und gut aussieht. Für ein Büfett sollte man die Soße jedoch erst kurz vorher aufgießen oder daneben stellen.

Möhren-Apfel-Rohkost

Personen: 4

500 g	**Möhren**
300 g	**Äpfel**
1 EL	**Zitronensaft**
200 g	**Jogurt**
1 Msp.	**Senf**
2 EL	**Kräuter, fein gehackt**
	Jodsalz

Tipp(s):

- Anstelle der Jogurtsoße lässt sich die Rohkost auch gut nur mit Zitronensaft und Honig und etwas Mineralwasser zubereiten.

Möhren schälen, Äpfel gründlich waschen, beides raspeln und mit Zitronensaft beträufeln. Jogurt mit Senf, Kräutern und Salz mischen und über die Rohkost gießen.

Rote-Bete-Rohkost

Personen: 4

250 g	**Rote Bete (roh)**
300 g	**Äpfel**
60 g	**Frischkäse**
150 g	**Jogurt**
1 EL	**Meerrettich**
1 EL	**Zitronensaft**
	Jodsalz
1 Msp.	**Ingwer**

Rote Bete schälen, Äpfel gründlich waschen und beides raspeln. Aus Jogurt, Frischkäse, Zitronensaft, Meerrettich und Gewürzen eine Salatsoße zubereiten. Die Soße über die Rohkost gießen und alles gut vermengen.

Rotkohlsalat mit Käsesoße

Personen: 4

1 Kopf	Rotkohl (klein)
100 g	Schafskäse
150 g	Jogurt
1	Knoblauchzehe
	Jodsalz
	Zitronensaft

Vom Rotkohl die äußeren Blätter entfernen, den restlichen Kohl in feine Streifen schneiden. Den Schafskäse durch ein Sieb drücken, pürieren oder auch in kleine Würfel schneiden. Mit dem Jogurt und den Gewürzen vermischen und unter den Rotkohl geben.

Winterlicher Chicorée-Salat

Personen: 4

500 g	Chicorée
2	Orangen, mittelgroß
2	Äpfel
5	Walnusskerne
150 g	Jogurt
50 ml	Zitronensaft
50 ml	Orangensaft
1 TL	Senf
	Jodsalz, Pfeffer
1 Msp.	Zucker

Aus Jogurt, Orangen- und Zitronensaft und den Gewürzen eine Soße zubereiten. Chicorée putzen, waschen, in schmale Streifen schneiden und in die Marinade geben. Orangen schälen und in Stücke schneiden. Äpfel waschen, vierteln, vom Kerngehäuse befreien. Dann in schmale Scheiben schneiden. Walnüsse hacken und mit den Apfelstücken und Orangenscheiben zu den übrigen Zutaten geben, alles vermischen.

Beilagen: Dazu passen Vollkornspätzle mit Käse.

Grüne Bohnen mit Kapernsoße

1 kg	**grüne Bohnen**
1/2 Bund	**Basilikum**
2 EL	**Petersilie, gehackt**
1	**Knoblauchzehe**
50 g	**Kapern**
50 ml	**Zitronensaft**
	Jodsalz
2 EL	**Olivenöl**

Die Bohnen putzen und in kochendem Salzwasser 20 min garen. Gut abtropfen lassen. Während dessen die Kräuter mit dem Knoblauch und den Kapern pürieren. Masse mit Zitronensaft, Salz und Öl verrühren. Die Bohnen in der Soße gut durchziehen lassen.

Kürbis süß-sauer

1,5 kg	**Kürbis**
500 ml	**Essig**
500 g	**Zucker**
	Nelken
	Zimtstangen

Kürbis putzen und in mundgerechte Stücke teilen. Zusammen mit Essig, Zucker und Gewürzen nach Geschmack aufkochen. In Twist-off-Gläser füllen und sofort verschließen. Auf den Kopf stellen und abkühlen lassen.

Tipp(s):

- Die einfache Menge ergibt ca. 6–7 kleine Gläser.

Marinierte Auberginen

4	**Auberginen, mittelgroß**
	Jodsalz
250 ml	**Olivenöl**
100 g	**Zwiebeln, rot**
2	**Knoblauchzehen**
2 TL	**Thymian**
100 ml	**Zitronensaft**
	Pfeffer

Auberginen waschen und in etwa 1 cm dicke Scheiben schneiden. Salzen und etwa 30 min stehen lassen. Dann mit Küchenpapier abtupfen. In reichlich Olivenöl goldbraun backen und auf Küchenpapier das Öl abtropfen lassen. Aus dem restlichen Olivenöl, den klein gehackten Zwiebeln, zerdrücktem Knoblauch, Thymian, Zitronensaft und Gewürzen eine Marinade herstellen und über die Auberginen geben. Mindestens eine Stunde, besser noch einen Tag, durchziehen lassen.

Tipp(s):

- Die Auberginen können Sie gut 1–2 Tage vor einem Fest zubereiten. Kühl stellen.
- Das Rezept lässt sich auch mit Zucchini zubereiten. Diese aber nicht salzen und entwässern.

Pilze süßsauer

500 g	Champignons
250 ml	Weinessig
500 ml	Wasser
2	Lorbeerblätter
10	Pfefferkörner, weiß
10	Pfefferkörner, schwarz
2 EL	Senfkörner
10	Wacholderbeeren
1 EL	Jodsalz
1 EL	Zucker
2 EL	Zitronensaft
3 EL	Schnittlauch, gehackt

Pilze putzen, kurz waschen und die größeren Pilze in Stücke schneiden. Pilze in Salzwasser 2 min blanchieren. Alle übrigen Zutaten in einen Topf geben und 10 min kochen. Pilze und Marinade in Schraubgläser füllen und verschließen. Nach einer Woche sind die Pilze bereits durchgezogen, sie halten sich etwa 3 Wochen.

Rote Paprika mit Knoblauch

1 kg	rote Paprikaschoten
100 ml	Olivenöl
375 ml	Essig (Weißwein-)
2 TL	Jodsalz
1 TL	Rosmarin
5	Knoblauchzehen
250 ml	Wasser

Paprikaschoten putzen, waschen und achteln. In einem Topf in heißem Öl anbraten. Dann Essig und Wasser zugeben. Knoblauchzehen in Stücke schneiden und zusammen mit Salz und Rosmarin zufügen. Einmal aufkochen. Noch heiß in Gläser füllen und sofort verschließen.

Tipp(s):

- Nach Wunsch kann die Sudmenge auch reduziert werden. Der Sud lässt sich aber auch später noch für Salatsoßen verwenden.

kartoffeln

Das Image von „Dickmachern" haben Kartoffeln zu unrecht. Es sind die „Veredelungsprodukte", wie Pommes, Chips, Bratkartoffeln, Röstis etc, die durch ihren hohen Fettanteil kalorienreich werden.

Kartoffeln in ihrer ursprünglichen Form enthalten Kohlenhydrate, Ballaststoffe, Vitamin C, B_1 und die Mineralstoffe Magnesium, Kalium und Eisen. Da rohe Kartoffelstärke für unser Verdauungssystem so gut wie nicht verwertbar ist, müssen Kartoffeln gekocht werden. Das schonendste Verfahren ist das Kochen bzw. Dämpfen in wenig Wasser. Durch das Kochen als Pellkartoffeln können Verluste durch Schälen und Auslaugen vermieden werden.

Grüne Stellen an Kartoffeln enthalten das Gift Solanin. Kopfschmerzen, Erbrechen und Durchfälle können durch Solanin ausgelöst werden. Daher: grüne Stellen großzügig abschneiden.

Kartoffeln sollten nicht zu hell, nicht im Kühlschrank und nicht zu lange gelagert werden, da dadurch der Wassergehalt der Kartoffeln sinkt. Beim Backen, Rösten oder Braten (über 200 °C) bzw. Fritieren (über 175 °C) entsteht dann besonders leicht schädliches Acrylamid. Unbedingt nur zart bräunen!

Praktische Tipps:

- Kochen Sie doch gleich für zwei Mahlzeiten Kartoffeln. Z. B. für einen Auflauf und einen köstlichen Kartoffelsalat.
- Genießen Sie hin und wieder „einfache" Pellkartoffeln mit einer unserer Soßen.

Gebackene Greyerzer-Kartoffeln

Personen: 4

800 g	**Kartoffeln, geschält**
150 g	**Saure Sahne**
125 g	**Greyerzer Käse, gerieben**
1	**Zwiebel, fein gehackt**
2 EL	**Schnittlauch, gehackt**
	Jodsalz, Pfeffer
1 EL	**Butter**

Die Kartoffeln in hauchdünne Scheiben oder dünne Stifte schneiden. Saure Sahne mit geriebenem Käse, gehackter Zwiebel und Schnittlauch verrühren, mit Salz und Pfeffer abschmecken. Eine Auflaufform fetten. Die Hälfte der Kartoffelscheiben hineingeben, gut salzen und pfeffern. Die Hälfte der Käsemasse daraufgeben, dann wieder Kartoffeln schichten. Mit dem Rest des Käsegemischs abschließen. Butterflöckchen darüber verteilen und einen gefetteten Deckel auflegen. Bei 200 °C 60 min backen lassen. Garprobe machen. Eventuell noch etwas Garzeit zugeben, vor allem, wenn die Kartoffelscheiben doch etwas dicker geraten sind.

Tipp(s):

- Anstelle von Greyerzer Käse kann auch Emmentaler oder ein anderer Käse nach Geschmack genommen werden.

Beilagen: Ein Gemischter Salat der Saison.

Kartoffelauflauf mit Frühlingszwiebeln

Personen: 4

750 g	**Kartoffeln**
200 g	**Frühlingszwiebeln**
400 g	**Hüttenkäse**
150 g	**Saure Sahne**
2	**Knoblauchzehen**
1 TL	**Jodsalz**
30 g	**Parmesan**
1 Msp.	**Edelsüßpaprika**

Kartoffeln als Pellkartoffeln kochen, pellen und in kleine Würfel schneiden. Frühlingszwiebeln würfeln und mit Frischkäse, saurer Sahne und gepresstem Knoblauch verrühren. Die Masse mit den Kartoffelwürfeln mischen. Mit Salz abschmecken und in eine gefettete Auflaufform geben. Den Parmesan und Paprikapulver darüber streuen. Auf der unteren Schiene bei 170 °C ca. 40 min backen.

Beilagen: Tomatensalat mit Essig-Öl-Soße, Kohlrabi-Möhren-Rohkost (➢ Rezept Seite 133).

Gekochte Kartoffelklöße

Personen: 4

1 kg	**Kartoffeln**
1	**Ei**
	Jodsalz
	Muskat
150 g	**Weizenvollkornmehl**
	Petersilie (oder Schnittlauch)
2 l	**Wasser, gesalzen**

Kartoffeln als Pellkartoffeln kochen, abpellen und durchpressen. Mit den übrigen Zutaten vermengen und abschmecken. Die Kräuter dürfen, müssen aber nicht sein. Eine Rolle formen, diese in 10–12 Teile schneiden und Klöße formen.
Klöße in kochendes Salzwasser legen, aufkochen lassen und 10–15 min auf kleiner Flamme garen.

Beilagen: Dazu passen Gemüsesoßen (s. dort).

Tipp(s):

- Nur 750 g Kartoffeln nehmen und zusätzlich 120 g geriebenen Käse unterrühren.
- Diese Klöße lassen sich auch vor dem Garen mit entsteinten Pflaumen oder Aprikosen füllen. Anstelle des Kernes jeweils ein Stück Würfelzucker hineingeben.

Kartoffel-Käse-Rösti

Personen: 4

1 kg	Kartoffeln
4	Eier
200 g	Tilsiter (oder anderer Käse)
	Jodsalz, Pfeffer
	Majoran
2 EL	Pflanzenöl
250 ml	Saure Sahne

Tipp(s):

- Diese Käse-Kartoffel-Röstis sind eine herzhafte Abwechslung zu den üblichen Kartoffelpuffern.

Kartoffeln schälen und fein raspeln. Käse fein reiben und mit den Kartoffeln, den Eiern und den Gewürzen gut vermengen. Im heißen Öl kleine Puffer goldgelb braten. Mit saurer Sahne übergießen und servieren.

Kartoffel-Kräuter-Gratin

Personen: 4

600 g	Kartoffeln
3 EL	Milch (3,5% Fett)
1 EL	Butter
2	Eier
100 g	Buchweizenmehl
1	Zwiebel, fein gewürfelt
80 g	Käse, gerieben
1	Knoblauchzehe
1,5 TL	Curry
	Muskat
1,5 TL	Jodsalz
2 EL	Kräuter, gehackt
200 g	Zwiebeln
1 EL	Butter

Pellkartoffeln kochen, pellen und durch die Kartoffelpresse drücken. Milch, Butter und Eigelb mit der Kartoffelmasse verrühren. Buchweizenmehl, Zwiebeln und 3/4 des Käse zufügen. Knoblauch hineinpressen, mit 2/3 des Curry, Gewürzen und Kräutern abschmecken. Eiklar zu Schnee schlagen und unterheben. Alles in eine gefettete Form geben und glatt streichen. Restlichen Käse mit dem verbliebenen Currypulver über den Auflauf streuen. Die Form auf die mittlere Schiene des Backofens schieben und bei 175 °C 45–55 min backen. Inzwischen die Zwiebeln schälen, in Ringe schneiden und in der Butter rösten. Röstzwiebeln zum Gratin servieren.

Beilagen: Dazu passt ein Salat der Saison.

Kartoffelkuchen

Personen: 8

1 kg	**Kartoffeln**
200 g	**Zwiebeln**
	Jodsalz, Pfeffer
125 ml	**Olivenöl**
400 g	**Auberginen**
100 g	**getrocknete Tomaten**
100 g	**Parmesan, gerieben**
250 g	**Schmand**
2	**Eier**
1 TL	**Kräuter der Provence**
1	**Knoblauchzehe**
	Muskat
150 g	**Oliven, schwarz + entsteint**

Die geschälten Kartoffeln und Zwiebeln grob raspeln und gleichmäßig auf die geölte Saftpfanne des Backofens verteilen. Mit Salz und Pfeffer würzen und mit 2 EL Olivenöl beträufeln. Bei 200 °C in etwa 20 min goldgelb backen.
Die Auberginen in Scheiben schneiden und mit Salz bestreut etwa 30 min stehen lassen. Getrocknete Tomaten in Streifen schneiden. Parmesan, Schmand, Eier, Kräuter und zerdrückten Knoblauch verrühren und mit Salz, Pfeffer und Muskat würzen. Auberginenscheiben trocken tupfen und im restlichen Olivenöl von beiden Seiten braten. Die Schmand-Eier-Soße über die Kartoffeln verteilen und mit Auberginenscheiben und Tomatenstreifen belegen. Nochmals in den Backofen geben und weitere 10–15 min backen.

Tipp(s):

- Das einfache Rezept ergibt genau ein Backblech bzw. 12 Stücke.

Kartoffeln vom Blech

Personen: 4

700 g	**Kartoffeln, klein**
50 g	**Butter**
30 g	**Haselnusskerne, gehackt**
30 g	**Mohn, gemahlen**
20 g	**Sesamsamen**
	Jodsalz, Pfeffer

Tipp(s):

- Statt Nüsse, Mohn und Sesam können auch Kümmel oder Rosmarin genommen werden.
- Wenn die Backzeit um etwa 15 min verlängert wird, kann das Vorgaren der Kartoffeln entfallen.

Kartoffeln gut waschen oder bürsten und 15 min garen. Abschrecken und die Kartoffeln der Länge nach halbieren. Die Oberseiten der Kartoffeln einritzen und mit 3/4 der zerlassenen Butter bepinseln. Mit der restlichen Butter das Blech fetten und die Nüsse, den Mohn und den Sesam auf das Blech streuen. Kartoffeln mit der Schnittfläche nach unten auf das Blech setzen, mit Salz und Pfeffer würzen und im Backofen bei 200 °C 25 min backen.

Beilagen: Ein frischer Salat, Bratlinge, Kräuterquark.

Kartoffelragout mit Kressesoße

Personen: 4

700 g	**Kartoffeln**
500 g	**Kohlrabi**
2	**Zwiebeln**
2 EL	**Butter**
250 ml	**Gemüsebrühe**
2 Beete	**Kresse**
100 g	**Saure Sahne**
	Jodsalz, Pfeffer
	Muskat
2 EL	**Mehl (zum Binden)**
4	**Eier, hart gekocht**

Kartoffeln waschen, schälen und in 2–3 cm große Würfel schneiden. Kohlrabi schälen und ebenfalls würfeln. Zwiebeln schälen, fein würfeln und im Fett glasig werden lassen. Kartoffeln und Kohlrabi zugeben und andünsten. Mit der Brühe ablöschen und im geschlossenen Topf ca. 15 min bei mittlerer Hitze garen. Die Kresse in 1 EL Kochflüssigkeit und mit der sauren Sahne mit dem Pürierstab pürieren. Das Kressepüree unter das Gemüse heben und mit den Gewürzen abschmecken. Das Mehl mit etwas Wasser anrühren und die Soße damit binden. Die gekochten Eier halbieren, eventuell mit etwas Kresse garnieren und zum Ragout reichen.

Tipp(s):

- Anstelle der hart gekochten Eier kann man auch gut Bratlinge oder sauer eingelegten Brathering zum Ragout reichen.

Kartoffeltortilla

Personen: 4

500 g	**Kartoffeln**
2 EL	**Pflanzenöl**
400 g	**Paprikaschoten, gemixt**
100 g	**Möhren**
100 g	**Zwiebeln**
4	**Eier**
4 EL	**Schlagsahne**
1 EL	**Weizenvollkornmehl**
	Jodsalz
	Cayennepfeffer

Kartoffeln kochen, pellen und in kleine Würfel schneiden. In einer großen Pfanne das Öl erhitzen und die Kartoffeln darin anbraten. In der Zwischenzeit Paprika, Möhren und Zwiebeln putzen und würfeln. Eier, Sahne und Mehl verquirlen. Das Gemüse zu den Kartoffeln in die Pfanne geben und etwa 10 min weiter braten. Mit Salz und Cayennepfeffer pikant würzen. Die Eiersahne darüber gießen und bei geschlossenem Deckel gut 5 min stocken lassen. Die Tortilla wenden und von der anderen Seite ebenfalls 5 min braten. Dies geht am besten, wenn Sie die Tortilla auf den Deckel gleiten lassen und dann in die Pfanne zurückgeben.

Tipp(s):

- Man kann auch rohe Kartoffeln nehmen. Diese zunächst ca. 10 min mit geschlossenem Deckel braten, bevor das restliche Gemüse zugegeben wird.

Pikanter Kartoffelsalat

Personen: 4

1 kg	**Kartoffeln**
	Jodsalz, Pfeffer
100 g	**Zwiebeln**
100 ml	**Gemüsebrühe**
1 TL	**Senf**
2 EL	**Obstessig**
3 EL	**Pflanzenöl**
5 EL	**Radieschensprossen (o.a.)**
150 g	**Gewürzgurken**

Kartoffeln als Pellkartoffeln garen. Pellen und noch warm in Scheiben schneiden. In eine Schüssel geben und jede Schicht salzen und pfeffern. Zwiebeln fein würfeln und untermischen. Die Gemüsebrühe aufkochen und mit Senf, Obstessig und Öl verrührt zu den Kartoffeln geben. Radieschensprossen und die klein geschnittenen Gewürzgurken unterheben.

Überbackene Kartoffeln mit Quarkguss

Personen: 4

600 g	**Kartoffeln**
200 g	**Tomaten**
2 EL	**Butter**
40 g	**Käse, gerieben**
1 Bund	**Petersilie, gehackt**
2	**Eier**
3 EL	**Milch (3,5% Fett)**
100 g	**Quark, Magerstufe**
	Jodsalz
	Muskat

Kartoffeln in der Schale kochen, pellen und in Scheiben schneiden (geht gut mit einem Eierschneider!). Tomaten enthäuten (eventuell) und in Scheiben schneiden. In einer gefetteten Auflaufform lagenweise Kartoffeln und Tomaten schichten, dazwischen Butter in Flocken und geriebenen Käse geben. Mit Salz und Petersilie würzen. Eier mit Milch und Quark verrühren, mit Salz und Muskat würzen und über die Kartoffeln geben. Bei 175 °C 25–30 min backen.

Beilagen: Getreidebratlinge (➢ Rezept Seite 78) und ein frischer Salat.

Tipp(s):

- Nimmt man direkt die doppelte Menge, reichen die Kartoffeln mit einem kleinen Rohkostsalat gut zum Sattwerden.

milch und milchprodukte

Milch und daraus hergestellte Produkte enthalten eine breite Palette unentbehrlicher Nährstoffe: hochwertiges Eiweiß, leicht verdauliches Fett, größere Mengen Calcium und Phosphor und vor allem die Vitamine A, B_1, B_2 und B_{12}.

In der Vollwert-Ernährung (➢ „Vollwert-Ernährung-Orientierungstabelle", Seite 12) wird Vorzugsmilch (speziell kontrollierte Rohmilch) empfohlen, allerdings nicht für Kinder, ältere oder immungeschwächte Menschen. Wir empfehlen aus praktischen Gründen, normale, pasteurisierte Milch zu verwenden. Aus ökologischen Gründen sind hierbei Pfandflaschen oder Milchschläuche zu bevorzugen. H-Milch sollte nur für den Vorrat verwendet werden.

Praktische Tipps:

- Wenn Sie Milch und Milchprodukte aus der Region bevorzugen, werden lange Transportwege vermieden. Bei Milchprodukten kann man an einem ovalen Zeichen, dem Genusstauglichkeitszeichen, zumindest die zuletzt mit diesem Lebensmittel beschäftigte Molkerei erkennen. In diesem Zeichen sind das Land (D = Deutschland), das Bundesland (BY = Bayern, NW = Nordrhein-Westfalen) und die Nummer der Molkerei ersichtlich.
- Im täglichen Speiseplan sollten mindestens ein großes Glas Milch oder Buttermilch (250 ml), ein Jogurt, Kefir oder Dickmilch (150–200 g) und eine große Scheibe Käse (50–100 g) enthalten sein.
- Wenn Sie ansonsten sparsam mit Fett umgehen, können Sie Vollmilchprodukte (3,5 % Fett) nehmen, andernfalls ist es sinnvoller, auf fettarme Milch und Milchprodukte (1,5 % Fett) zurückzugreifen.
- Milch und Milchprodukte gut verschlossen im Kühlschrank aufbewahren, da sie schnell Fremdgerüche annehmen.

Eingelegter Schafskäse

400 g	Schafskäse
4	Knoblauchzehen
2	Schalotten
2	rote Chilischoten
1	Peperoni
1 TL	Rosmarin
1,5 TL	Pfeffer (bunte Körner)
2	Lorbeerblätter
1 TL	Thymian
500 ml	Olivenöl

Den Schafskäse in Würfel schneiden. Die Knoblauchzehen in Scheiben schneiden, die Schalotten in feine Ringe. Käse, Knoblauch, Zwiebelringe, Chilischoten und Peperoni in ein Glas schichten. Die Gewürze zwischen die einzelnen Schichten streuen. So viel Olivenöl über den Käse gießen, dass alle Zutaten gut bedeckt sind. Das Glas verschließen und an einem dunklen, kühlen Ort (nicht unter 10 °C) mindestens 3 Tage durchziehen lassen.

Tipp(s):

- Außer für ein Vollwertbüfett eignet sich der Schafskäse auch gut zum Verschenken in dekorativen, hübsch verzierten oder verpackten Schraubdeckelgläsern.

Käse-Spinat-Kugeln

Personen: 4

2 EL	Butter
100 g	Quark, Magerstufe
2 EL	Schnittlauch, gehackt
1 EL	Petersilie, gehackt
100 g	Emmentaler, gerieben
100 g	Spinat, zubereitet
	Jodsalz, Pfeffer
1	Knoblauchzehe, gepresst
1 EL	Pistazienkerne, gehackt
1 EL	Haselnusskerne, gerieben
1 EL	Vollkornbrösel

Weiche Butter, Quark (eventuell ausdrücken), Kräuter, Käse und den gut ausgedrückten Spinat sowie die Gewürze zu einer festen Masse vermischen. Im Kühlschrank ca. 30 min gut kühlen. Kleine Kugeln formen (5–6 pro Person) und diese in den gehackten Pistazien, den geriebenen Haselnüssen oder den Vollkornbröseln wenden.

Beilagen: Vollkornbrötchen, Norwegisches Fladenbrot (➢ Rezept Seite 89), Vollkornknäckebrot, Vollkorncräcker.

Tipp(s):

- Gut geeignet als Imbiss für gesellige Abende.

Quarkauflauf mit Hirseflocken

Personen: 4

300 g	**Quark, Magerstufe**
3 EL	**Milch (3,5% Fett)**
2	**Eier**
6 EL	**Hirseflocken**
2 EL	**Honig (oder Zucker)**
20 g	**Mandeln, gehackt**
200 g	**Äpfel, geraspelt**

Quark, Milch, Hirseflocken und Honig verrühren. Eier trennen. Eigelb mit den gehackten Mandeln und den Äpfeln unter die Quarkmasse geben. Eiweiß steif schlagen und den Schnee locker unterheben. In einer gefetteten Auflaufform bei 200 °C 30–40 min backen.

Beilagen: Sauerkirschkompott oder ein anderes Obstkompott.

Tipp(s):

- Der Quarkauflauf ist sowohl ein schmackhafter Nachtisch als auch – mit viel Obst – eine erfrischende und leichte Zwischenmahlzeit.

Quarkbällchen

300 g	Quark, Magerstufe
300 g	Frischkäse
4 EL	Kräuter, gemischt
	Jodsalz, Pfeffer
100 g	Pumpernickel
2 EL	Sesamsamen
2 EL	Haselnusskerne, gehackt
2 EL	Schnittlauch, gehackt
1 TL	Edelsüßpaprika

Tipp(s):

- Wenn Sie es einmal eiliger haben, können Sie die Masse auch einfach auf die Brotwürfel streichen.

Den Quark mit einem Küchenhandtuch solange pressen, bis er ziemlich trocken ist. Dann mit dem Frischkäse und den gehackten Kräutern vermischen und pikant abschmecken. Pumpernickel in kleine Würfel mit 1 cm Kantenlänge schneiden. Mit einem Teelöffel die Quark-Frischkäse-Masse abstechen. Je ein Brotstück hinein drücken und zu einer Kugel formen. Die Kugeln dann in Sesam, Nüssen, Schnittlauch oder Paprika rollen.

Quarkknödel

Personen: 6

500 g	Quark, Magerstufe
3	Eier
2 EL	Honig (oder Zucker)
	Zitronenschale, unbehandelt
1/2 TL	Vanille, gemahlen
100 g	Vollkorngrieß
	Wasser, gesalzen
4 EL	Butter
120 g	Vollkornbrösel
2 EL	Honig (oder Zucker)

Quark mit Eiern, Honig, Vanille, Salz und abgeriebener Zitronenschale vorsichtig verrühren. Grieß mit dem Kochlöffel unterrühren. Die Quarkmasse abgedeckt 2–3 Std. in den

Kühlschrank stellen. Aus der gut gekühlten Masse mit einem Esslöffel ca. 15 Knödel ausstechen, mit angefeuchteten Händen ein wenig rollen, damit sie schön rund und glatt werden. Knödel in leicht kochendes Salzwasser legen und bei geschlossenem Deckel ca. 10 min ziehen lassen (Dauer ist abhängig von der Größe der Knödel). Inzwischen in einer Pfanne die Butter zerlassen, die Brösel mit dem Honig dazugeben und leicht bräunen lassen. Die Knödel mit einem Schaumlöffel aus dem Wasser heben, gut abtropfen lassen und in den Butterbröseln wälzen.

Tipp(s):
- 1–2 EL Rosinen in den Teig geben.

Beilagen: Dazu passt eine Fruchtsoße.

Quarkplinsen

Personen: 4

50 g	**Butter oder ungehärtete Pflanzenmargarine**
1 EL	**Honig (oder Zucker)**
1/2 TL	**Zitronensaft**
1 Msp.	**Jodsalz**
2	**Eier**
500 g	**Quark, Magerstufe**
150 g	**Weizenvollkornmehl**
2 EL	**Pflanzenöl**

Butter, Honig, Gewürze und Eier schaumig rühren.
Quark und Mehl untermengen. In heißem Fett kleine Plinsen backen.

Beilagen: frisches oder gedünstetes Obst.

Tipp(s):
- Nach Belieben können auch Apfelschnitze oder Kirschen gleich in den Teig eingebacken werden.
- Zur Abwechslung kann man das Weizenmehl auch durch Buchweizenmehl ersetzen.

Selbst gemachter Jogurt

1 l	**Milch (3,5 % Fett)**
150 g	**Jogurt (nicht wärmebehandelt)**

Pasteurisierte Vollmilch muss kurz aufgekocht und dann wieder auf Zimmertemperatur abgekühlt werden. H-Milch kann direkt aus der Tüte verwendet werden. Den Jogurt mit einem Schneebesen unter die Milch rühren, in verschließbare Portionsgläser füllen. Bei Zimmertemperatur etwa 12 Stunden stehen lassen.

Tipp(s):

- Der Jogurt kann ganz nach Belieben mit Obst und anderen Zutaten gegessen werden.

Süße Milchsuppe

Personen: 4

100 g	**Weizenvollkornmehl**
500 ml	**Wasser**
1 EL	**Honig (oder Zucker)**
	Zitronenschale, unbehandelt
500 ml	**Milch (3,5 % Fett)**
400 g	**Obst der Saison**
100 ml	**Schlagsahne**

Mehl in einem trockenen Topf unter Rühren leicht rösten, bis es würzig duftet (es soll aber keine Farbe annehmen); abkühlen lassen. Wasser mit dem Mehl verrühren und 1–2 min kochen lassen, dann 10 min quellen lassen. Honig und abgeriebene Zitronenschale unter die abgekühlte Masse rühren. Die kalte Milch mit dem Schneebesen darunter schlagen. Früchte waschen und in kleine Stücke schneiden oder pürieren (Johannisbeeren oder Heidelbeeren ganz lassen), unter die Suppe mischen und kalt stellen. Die Sahne steif schlagen. Die Suppe in Portionsschalen verteilen und mit Sahne garnieren.

Tipp(s):

- Die Milchsuppe ist eine erfrischende Nachspeise oder Zwischenmahlzeit.

Vanillesoße

Personen: 4

40 g	**Weizenmehl (Type 1050)**
500 ml	**Milch (3,5 % Fett)**
2 EL	**Honig (oder Zucker)**
2 Msp.	**Vanille, gemahlen**
1	**Ei (frisch!)**

Weizenmehl mit etwas Milch und Eigelb verquirlen. Die restliche Milch mit Vanille und Honig aufkochen und das mit Milch angerührte Mehl unterrühren; noch ca. 1 min kochen lassen. Eiklar zu Schnee schlagen und diesen unterrühren. Die Soße erkalten lassen.

Beilagen: Bratäpfel, frisches Obst oder mit einer Fruchtsoße als Nachtisch.

Tipp(s):

- Diese Vanillesoße kann eine mit herkömmlichen Vanillepuddingpulver (incl. Farbstoffen und Aromen) gut ersetzen, z. B. bei der süßen Füllung für die Windbeutel.

Seefisch ist unsere beste Jodquelle. Deshalb wird eine Hochseefischmahlzeit (ca. 150–200 g) pro Woche empfohlen. Den höchsten Jodgehalt haben Seefische wie Schellfisch, Seelachs, Scholle, Seehecht, Kabeljau, Rot- oder Goldbarsch. Daneben enthalten Seefische hochwertiges, leicht verdauliches Eiweiß sowie wertvolle einfach und mehrfach ungesättige Fettsäuren, diese allerdings eher in den fetteren Fischen wie Lachs oder Hering, welche weniger jodreich sind. Wegen der Belastung mit Quecksilber sollten vor allem Schwangere auf ältere, fettreiche Raubfischarten wie Heilbutt, Rotbarsch, Steinbeißer, Barsch, Stör, Hecht, Rochen, Seeteufel, Haifisch oder Thunfisch verzichten.

Praktische Tipps:

- Beim Einkauf von Fisch auf Fanggebiete (Hochseefischerei) und Fangmethoden (nachhaltig und umweltschonend, d. h. wenig Beifang, Delfinschutz etc.) achten: Bei Frischfisch das Verkaufspersonal danach fragen, bei Tiefkühlfisch entsprechende Hinweise der Verpackung beachten.
- Fangfrischer Fisch hat eine leuchtende, oft lebhaft gefärbte Haut und ist mit einer wasserklaren Schleimschicht überzogen, die Augen sind prall, die Linsen gewölbt, die Kiemen hellrot und leuchtend klar, das Fleisch ist fest und elastisch.
- Frischer Fisch riecht frisch und nach Seetang, fangfrische Ware riecht nicht nach Fisch!
- Im Handel auf eine gute Lagerung in Eis achten.
- Frischfisch hält sich im Kühlschrank (+2 bis +6°C) höchstens einen Tag, besser direkt am Einkaufstag zubereiten.
- Vor der Zubereitung die 3 „S" beachten: säubern, säuern (mit Zitrone) und erst unmittelbar vor dem Garen salzen.
- Pro Person rechnet man 150–200 g Fischfilet oder 250–300 g ganzen Fisch.
- Passende Gewürze: Kräuter (Basilikum, Dill, Estragon, Petersilie,Thymian), Pfeffer, Curry, Ingwer, Knoblauch, Zwiebeln, Lorbeer, Essig, Zitrone, Senfkörner, Meerrettich, Paprika.

Bananen-Curry-Fisch

Personen: 4

1 kg	Schellfisch (oder Kabeljau)
2 TL	Essig (oder Zitronensaft)
2 EL	Butter
500 g	Suppengemüse
250 ml	Gemüsebrühe, heiß
2 TL	Curry
3 EL	Weizenvollkornmehl
3	Bananen
2 EL	Zitronensaft
100 ml	Schlagsahne
	Sellerieblättchen (Verzieren)

Fisch in Portionsstücke schneiden, mit Essig säuern, salzen. Die Hälfte der Butter zerlassen. Suppengemüse putzen und klein schneiden. Im heißen Fett andünsten. Fischportionen auf das Gemüse setzen. Die heiße Gemüsebrühe angießen und den Fisch zugedeckt ca. 10–15 min dünsten. Die restliche Butter, Curry und Mehl mit einer Gabel zu einem Kloß verkneten. Bananen schälen, in Scheiben schneiden und sofort mit Zitronensaft beträufeln. Fischportionen aus dem Sud nehmen und warmstellen. Sud durch ein Sieb gießen. Sahne zufügen und den Butter-Mehl-Kloß darin verrühren, alles aufkochen. Die Bananenscheiben und den Fisch in der Soße 2 min zugedeckt ziehen lassen. Abschmecken. Mit Sellerieblättchen verzieren.

Beilagen: Naturreis.

Tipp(s):

- Das verbliebene Suppengemüse pürieren und abkühlen lassen. In kleinen Portionen einfrieren und zum Abschmecken von Soßen oder gebundenen Suppen (z. B. Kartoffelsuppe, Erbsensuppe) verwenden.

Fischfilet in Paprika

Personen: 4

500 g	**rote Paprikaschoten**
500 g	**gelbe Paprikaschoten**
500 g	**Zwiebeln**
1 EL	**Butter**
1 EL	**Edelsüßpaprika**
1/2 TL	**Rosenpaprika**
	Jodsalz, Pfeffer
2 Bund	**Schnittlauch**
100 g	**Saure Sahne**
1 kg	**Seelachsfilet (oder Rotbarsch)**
2 EL	**Zitronensaft**

Paprikaschoten waschen, halbieren, Kerne entfernen und Schoten würfeln. Zwiebeln abziehen, halbieren und in feine Scheiben schneiden. Zwiebeln und Paprika in zerlassener Butter andünsten. Würzen und etwa 5 min weiterdünsten. Schnittlauch abspülen, in Röllchen schneiden und mit saurer Sahne unter das Gemüse geben. Das Gemüse in eine gefettete Auflaufform füllen. Fischfilet abspülen, mit Zitronensaft beträufeln und Salz bestreuen. Mit einem Löffel eine Mulde in das Gemüse drücken, Fisch hineinlegen und mit Gemüse bedecken. Bei 200 °C 25–30 min garen.

Beilagen: Naturreis.

Tipp(s):

- Statt Paprikaschoten kann auch Porree (gleiche Menge) genommen werden.

Fisch-Gemüse-Klößchen

Personen: 4

500 g	**Seelachsfilet**
1	**Brötchen, altbacken**
1	**Knoblauchzehe**
1 Bund	**Suppengemüse**
1 EL	**Zitronensaft**
1 Bund	**Dill**
1 EL	**Olivenöl**
1	**Ei**
1 EL	**Kapern**
	Pfeffer
3 EL	**Vollkornbrösel**
1 l	**Gemüsebrühe**
100 g	**Crème fraîche**
2 TL	**Speisestärke**

Brötchen einweichen. Knoblauch abziehen und fein würfeln. Suppengemüse putzen, waschen und sehr fein würfeln. Fisch säubern, fein hacken und mit Zitronensaft säuern. Das Olivenöl erhitzen, Suppengemüse und Knoblauch darin andünsten. Das Brötchen ausdrücken und in kleine Stücke teilen. Brötchen mit Fisch, Gemüse und Ei vermengen, mit Salz, Pfeffer und gehackten Kapern (nach Wunsch) würzen. Die Brösel noch zufügen und aus der Masse kleine Klößchen formen. Die Brühe aufkochen und die Klößchen darin 12 min gar ziehen lassen. Herausheben und warm stellen. Die Brühe eventuell durch ein Sieb gießen oder pürieren. Pro Person 150 ml Brühe abmessen. Die Crème fraîche einrühren. Speisestärke mit etwas Wasser (oder Milch) anrühren und ebenfalls zufügen. Soße aufkochen, mit Salz und Pfeffer abschmecken und den gehackten Dill unterrühren. Noch 3 min ziehen lassen.

Tipp(s):

- Das Schlagmesser der Küchenmaschine vereinfacht die Zubereitung. Fisch, Gemüse, Gewürze etc. hineingeben und alles pürieren.

Beilagen: Naturreis, Rohkostsalat, Gurkengemüse (➢ Rezept Seite 116).

Fischnester

Personen: 4

800 g	**Kabeljaufilet (oder Seelachs)**
	Jodsalz, Pfeffer
2 TL	**Zitronensaft**
100 g	**Krabbenfleisch**
1 EL	**Pflanzenöl**
250 ml	**Weißwein**
125 g	**Champignons**
1 EL	**Weizenvollkornmehl**
4 EL	**Schlagsahne**

Gesäuberte, halbierte Fischfilets mit Zitronensaft beträufeln, anschließend leicht salzen und pfeffern. Das Krabbenfleisch darauf verteilen, aufrollen und mit Holzstäbchen feststecken. Das Öl erhitzen, die Röllchen hineingeben und alles mit Weißwein angießen. 10 min garen. Champignons putzen, kleinschneiden, zufügen und 10–15 min mitgaren. Fischröllchen herausnehmen. Mehl und Sahne verquirlen, in die Soße einrühren. Kurz aufkochen lassen. Abschmecken und mit den Röllchen servieren.

Beilagen: Petersilienkartoffeln, Gurkengemüse (➢ Rezept Seite 116).

Tipp(s):

- Optimalerweise nehmen Sie für's Krabbenfleisch geräucherte Nordseekrabben.

Fischtopf mit Tomaten und Oliven

Personen: 4

800 g	Seelachsfilet (oder Rotbarsch)
2 EL	Zitronensaft
150 g	Zwiebeln
2 EL	Butter
800 g	Tomaten
50 g	grüne Oliven, ohne Stein
125 ml	Schlagsahne
	Jodsalz, Pfeffer
	Honig
1 EL	Sojasoße
1 Bund	Petersilie, gehackt

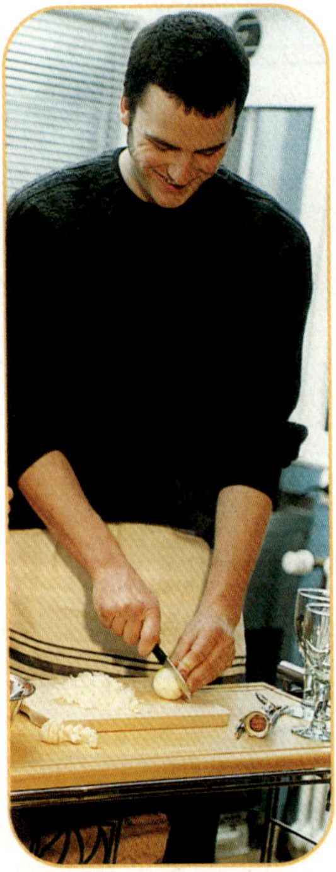

Fisch waschen, säuern, salzen und pfeffern. In mundgerechte Stücke schneiden. Zwiebeln schälen, fein würfeln und in Butter glasig dünsten. Tomaten klein schneiden und zu den Zwiebeln geben. Bei mittlerer Hitze unter gelegentlichem Umrühren cremig einkochen lassen. Von den abgetropften Oliven einige zur Dekoration zurücklassen, den Rest klein schneiden und mit der Sahne zur Tomatensoße geben. Mit Salz, Pfeffer, Honig, Zitronensaft und Sojasoße würzen. Die Fischstücke in der Soße bei mittlerer Hitze 8–10 min ziehen lassen. Petersilie mit den restlichen Oliven über den Fischtopf geben.

Beilagen: Vollkornbaguette, Naturreis oder Kartoffelpüree.

Kabeljaufilet in Senfsoße

Personen: 4

800 g	**Kabeljaufilet (o. a.)**
2 TL	**Zitronensaft**
	Jodsalz
2 EL	**Butter (oder Margarine)**
4 EL	**Weizenvollkornmehl**
250 ml	**Milch (3,5 % Fett)**
250 ml	**Wasser**
2 TL	**Senf**

Fischfilet säubern, säuern, salzen. Aus Butter, Mehl, Wasser und Milch eine weiße Soße bereiten, mit Senf und Salz abschmecken. Den Fisch in der Soße auf kleiner Flamme ca. 10 min gar ziehen lassen.

Beilagen: Salzkartoffeln, Gurkengemüse.

Tipp(s):

- Anstelle des Senfs kann auch Meerrettich verwendet werden.

Eier enthalten fettlösliche Vitamine, z. B. die Vitamine A und D. Da sie aber auch hohe Cholesterinmengen aufweisen, sollte sich der Verzehr auf ein bis zwei Eier pro Woche (incl. „versteckter" Eier in Kuchen etc.) beschränken. „Sonder-Eier", die zusätzlich mit Omega-3-Fettsäuren oder Jod (über die Fütterung) angereichert wurden, sind überflüssig.

Praktische Tipps:

- Achten Sie beim Eierkauf auf die Haltungsform: Zu bevorzugen sind „Eier aus Freilandhaltung". Hier hat jedes Huhn mindestens 4 qm Auslauffläche im Freien. Bei „Bodenhaltung" handelt es sich um eine Stallhaltung mit 9 Hühnern pro qm. Die meisten Eier stammen immer noch aus der Batterie-Haltung. Hier teilen sich 18 Hühner einen Käfig von 1 qm, dem einzelnen Huhn verbleibt weniger Platz als ein DIN A4 Blatt groß ist!
- Achten Sie außerdem auf die geographischen Angaben, „Deutsche Eier" oder z. B. „Eier aus NRW". Häufig findet man auf Eiern einen Stempel, welcher das Herkunftsland und die Haltungsform angibt: DE für Deutschland, NL für die Niederlande, BE für Belgien, DK für Dänemark usw. Die Zahl vor dem Länderbuchstaben steht für die Haltungsform: 0 für Bio-Haltung, 1 für Freilandhaltung, 2 für Bodenhaltung und 3 für Käfighaltung.
- Bei Eiern unterscheidet man die Größen S (< 53 g), M (53-62 g), L (63-72 g) und XL (> 73 g). In unseren Rezepten gehen wir grundsätzlich von Eiern der Größe M aus.
- Frische Eier erkennt man zum einen am Mindesthaltbarkeitsdatum. Das Legedatum liegt maximal 28 Tage zurück. Wer das Datum nicht weiß, legt die Eier in ein Gefäß mit Wasser. Ein frisches Ei sinkt zu Boden, ältere Eier steigen langsam nach oben.
- Ein „Eier-Frische-Messer", welcher die Umrechnung vom Mindesthaltbarkeitsdatum auf das Legedatum erleichtert, ist in allen Verbraucher-Zentralen erhältlich.

Eier in Kräutersoße

Personen:..4

6	Eier
20 g	Butter
30 g	Weizenvollkornmehl
375 ml	Gemüsebrühe
300 ml	Schlagsahne
2 – 3 Bund	gemischte Kräuter (z. B. Basilikum, Petersilie, Schnittlauch)
	Jodsalz, Pfeffer
1 EL	Zitronensaft

Tipp(s):

- Auch ohne Eier ist die Soße ein Hit für Kartoffeln.
- Wer Fett sparen möchte, ersetzt einen Teil der Sahne durch Milch.

Die Eier etwa 6–8 min kochen. Die Butter in einem Topf mit dem Mehl erhitzen und mit Brühe und Sahne ablöschen und bei geringer Hitze etwa 5 min kochen lassen. Dabei gelegentlich umrühren. Anschließend mit den klein gehackten Kräutern, Salz, Pfeffer und Zitronensaft vermischen und pikant abschmecken. Die Eier in Hälften schneiden und mit der Soße auf Tellern servieren.

Beilagen: Pellkartoffeln.

Eier in Senfsoße

Personen: 4

4	Eier
2 EL	Butter
1	Zwiebel, gehackt
4 EL	Weizenvollkornmehl
250 ml	Milch (3,5 % Fett)
250 ml	Gemüsebrühe
1 EL	Zitronensaft
3 TL	Senf
	Jodsalz, Pfeffer

Eier hart kochen. Zwiebeln in Fett kurz andünsten. Mehl darüber stäuben und hellbraun anrösten. Nach und nach Milch und Brühe zugeben, dabei gut durchschlagen, damit sich keine Klümpchen bilden. Mit den Gewürzen abschmecken und mit Eihälften servieren.

Beilagen: Salzkartoffeln und ein frischer Salat.

Tipp(s):

- Zur Veränderung 2 EL gekeimte Senfsamen mit in die Soße geben oder anstelle von Senf mit 1 TL Curry würzen.

Eier-Ragout

Personen: 4

4	**Eier**
500 g	**Brokkoli**
250 g	**Champignons**
2 TL	**Zitronensaft**
2 EL	**Butter (oder Margarine)**
2 EL	**Weizenvollkornmehl**
375 ml	**Gemüsebrühe**
	Jodsalz, Pfeffer
1 Msp.	**Muskat**

Eier hart kochen, schälen und beiseite stellen. Brokkoli und Champignons putzen und waschen. Die Pilze je nach Größe halbieren oder vierteln und mit Zitronensaft beträufeln. Brokkoli in Röschen teilen und in wenig kochendem Salzwasser 10–15 min garen. Die Pilze in der Hälfte der Butter kurz anbraten. Mit Salz und Pfeffer würzen. Restliches Fett in einem Topf erhitzen, das Mehl darin anschwitzen, mit der Gemüsebrühe ablöschen. Die Soße unter Rühren zum Kochen bringen. Mit den Gewürzen und Zitronensaft pikant abschmecken. Eier in Sechstel schneiden und Brokkoli und Champignons zur Soße geben. Das Ragout bei schwacher Hitze kurz erwärmen.

Beilagen: Kartoffeln oder Naturreis. Passt auch zu Pasteten.

Tipp(s):

- Die Soße mit etwas Madeira oder Sherry abschmecken.

Frühlingssalat

Personen: 8

1,4 kg	**Spargel**
	Jodsalz
1 Msp.	**Honig**
1 TL	**Butter**
4 Bund	**Radieschen**
8	**Eier, hart gekocht**
1	**Eigelb**
1/2 TL	**Senf**
1/2 TL	**Jodsalz (Majonäse)**
1 TL	**Zucker (Majonäse)**
1 EL	**Essig**
150 ml	**Pflanzenöl**
200 g	**Quark, Magerstufe**

Spargel putzen, schälen und die Stangen in mundgerechte Stücke schneiden. Salzwasser mit einer Messerspitze Honig und Butter zum Kochen bringen. Spargelstücke hineingeben und ca. 20 min garen. Die Stücke herausnehmen und gut abtropfen lassen. Radieschen putzen, waschen und in Scheiben schneiden. Eier in Scheiben schneiden. Für die Majonäse alle Zutaten außer Öl und Quark mit dem Mixer verrühren. Dann nach und nach das Öl bei stärkster Stufe zulaufen lassen. Danach sollte die Majonäse steif sein. Majonäse mit dem Quark verrühren. Für den Salat die abgetropften Spargelstücke, Eier, Radieschen und Quarkmajonäse mischen. Eventuell gehackte Kräuter unterrühren.

Beilagen: Vollkorntoast, Norwegisches Fladenbrot (➢ Rezept Seite 89).

Tipp(s):

- Wer's mag, kann die Quarkmajonäse mit etwas Jogurt noch geschmeidiger rühren.
- Etwas mehr Spargel als angegeben nehmen und einige Stücke im Spargelwasser zurücklassen und für eine Spargelsuppe verwenden.
- Dieser Salat eignet sich gut als Hauptmahlzeit für 4 Personen.

Käse-Eier

Personen: 6

6	**Eier**
20 g	**Butter**
30 g	**Weizenvollkornmehl**
250 ml	**Gemüsebrühe**
250 ml	**Milch (3,5% Fett)**
200 g	**geriebener Käse, z. B. Gouda, Emmentaler**
	Jodsalz, Pfeffer
1 TL	**Zitronensaft**

Die Eier etwa 6–8 min kochen. Die Butter in einem Topf mit dem Mehl erhitzen und mit Brühe und Milch ablöschen, den geriebenen Käse hinzugeben und bei geringer Hitze etwa 5 min kochen lassen. Dabei gelegentlich umrühren. Anschließend mit Salz, Pfeffer und Zitronensaft abschmecken. Die Eier in Hälften schneiden und mit der Soße auf Tellern servieren.

Beilagen: Pellkartoffeln und ein Salat.

Tipp(s):

- Für Wurstliebhaber/innen kann gewürfelter, gekochter Schinken zusätzlich in die Soße gegeben werden. Dann die Käsemenge etwas reduzieren.

Pfannkuchen-Tomaten-Pizza

Personen: 4

100 g	**Weizenvollkornmehl**
125 ml	**Milch (3,5% Fett)**
3	**Eier**
	Jodsalz, Pfeffer
2 EL	**Öl**
200 g	**Zwiebeln**
2	**Knoblauchzehen**
50 g	**Tomatenmark**
100 ml	**Wasser**
300 g	**Tomaten**
100 g	**Champignons**
16	**schwarze Oliven**
150 g	**Mozzarella**
1 – 2 TL	**Oregano**

Vollkornmehl mit der Milch, den Eiern, Salz und Pfeffer verrühren. Das Backblech mit 1 El Öl bestreichen und den Teig darauf gleichmäßig verteilen. Backofen auf 225 °C aufheizen und das Blech für 5 min in den Ofen geben. In der Zwischenzeit die gehackten oder in Scheiben geschnittenen Zwiebeln und die zerdrückten Knoblauchzehen im restlichen Öl leicht bräunen. Tomatenmark und Wasser zufügen. Die Soße mit Salz und Pfeffer würzen. Tomaten und Champignons waschen und in Scheiben schneiden, den Mozarrella in Würfel schneiden. Tomatensoße gleichmäßig auf dem Teig verteilen, mit Tomaten, Champignons, Oliven und Mozzarella belegen. Für weitere 5–10 min in den Backofen. Mit Oregano bestreut servieren.

Tipp(s):

- Diese Pfannkuchen-Tomaten-Pizza schmeckt auch mit Salami ausgezeichnet.
- Im Winter anstelle frischer Tomaten Pizza-Tomaten aus der Dose oder dem Tetrapak (Tomatenstücke) verwenden und mit den angebratenen Zwiebeln und dem Tomatenmark verrühren. Das Wasser dann weglassen.

Tortillas mit Quarksoße

Personen: 4

250 g	Quark, Magerstufe
250 ml	Milch (3,5 % Fett)
	Jodsalz
1 Bund	Schnittlauch, gehackt
40 g	Weizenvollkornmehl (fein)
2	Eier
1,5 EL	Butter
300 g	rote Paprikaschoten
100 g	Zwiebeln
1	Knoblauchzehe
4 EL	Roggenkeimlinge
	Thymian
	Cayennepfeffer
2 EL	Pflanzenöl

Quark mit der Hälfte der Milch, Salz und der Hälfte des gehackten Schnittlauchs verrühren und kühl stellen. Das Mehl mit der restlichen Milch verrühren und 20 min quellen lassen. Dann die Eier unterrühren. Paprika und Zwiebeln fein würfeln und in der Butter andünsten. Roggenkeimlinge zugeben. Das angedünstete Gemüse unter den Pfannkuchenteig mischen und mit Salz, Thymian und Cayennepfeffer würzen. Im Öl kleine Tortillas von jeder Seite 3 min backen. Mit der Quarksoße servieren und mit den restlichen Schnittlauchröllchen bestreuen.

Tipp(s):

- Wie man Getreide am besten zum Keimen bringt, finden Sie auf Seite 73.

Selbst hergestellte Brotaufstriche sind eine leckere und reizvolle Variante zum „normalen" Brotbelag. Ihre Vorteile: Sie helfen, gesättigte Fette einzusparen, und sie enthalten deutlich weniger Salz als üblicher Brotbelag. Nebenbei wird so weniger Eiweiß gegessen und der Ballaststoffgehalt je nach Rezept etwas bis deutlich erhöht. Viele Brotaufstriche enthalten eine ganze Menge Kohlenhydrate, welche zusätzlich zur Sättigung beitragen. Unter unseren Brotaufstrichen wird natürlich kein zusätzliches Streichfett benötigt.

Praktische Tipps:

- Bereiten Sie keine zu großen Portionen der Brotaufstriche. Auch wenn die meisten im Kühlschrank einige Tage haltbar sind, wird doch oft Abwechslung gewünscht.
- Fast alle Brotaufstriche lassen sich auch einfrieren (z. B. im Eiswürfelbereiter), nach dem Auftauen einfach noch einmal gut durchkneten bzw. rühren und binnen zweier Tage verwenden. Frischkäse und Quark können evtl. etwas krümelig werden, probieren Sie es mit einer kleinen Menge aus.
- Die Konsistenz der Brotaufstriche können Sie beliebig variieren. Geschmeidiger – und dann als Dipp verwendbar und fettärmer – werden sie z. B. durch Quark, saure Sahne oder Jogurt.
- Etliche Brotaufstriche sind im Kühlschrank mindestens einige Tage haltbar. Zwiebeln aber besser immer erst am Tage der Verwendung zufügen.

Avocadocreme

Personen: 4

2	**Avocados, reif**
1	**Zwiebel, gewürfelt**
1	**Knoblauchzehe, gepresst**
	Jodsalz, Pfeffer
	Zitronensaft

Avocados halbieren, Fruchtfleisch herauslösen und mit der Gabel zerdrücken, mit Zitronensaft beträufeln und mit den gewürfelten Zwiebeln, Knoblauch und Gewürzen verrühren.

Tipp(s):

- Zusätzlich kann ein gewürfeltes, hart gekochtes Ei untergemischt werden.

Basilikum-Tomaten-Creme

(ca. 20 Portionen)

300 g	**Frischkäse**
50 g	**Jogurt**
1/2 Bund	**Basilikum**
50 g	**getrocknete Tomaten in Öl**
	Jodsalz, Pfeffer
50 g	**Pinienkerne**

Frischkäse mit Jogurt glatt rühren. Feingehacktes Basilikum und fein gewürfelte Tomaten zugeben. Mit Salz und Pfeffer würzen. Die Pinienkerne ohne Fett in einer Pfanne rösten und zum Schluss unterheben.

Tipp(s):

- Für die Verwendung als Dipp nehmen Sie nach Belieben mehr Jogurt, z. B. 150-200 g.
- Schmeckt auch ohne Pinienkerne.

Bunter Quark

Personen: 4

250 g	Quark, Magerstufe
4 EL	Mineralwasser (m. Kohlensäure)
1	Gewürzgurke
1/2	Zwiebel
30 g	grüne Paprikaschoten
	Jodsalz
	Cayennepfeffer

Quark mit Mineralwasser schön cremig rühren. Zwiebel, Gurke und Paprikaschoten fein würfeln und unterrühren. Mit den Gewürzen pikant abschmecken.

Eier-Creme

(ca. 20 Portionen)

200 g	Frischkäse
30 g	Gouda, fein gerieben
125 g	Schmand
2	Eier, hart gekocht
1 Bund	Schnittlauch, gehackt
1 TL	Senf
	Jodsalz, Pfeffer

Frischkäse, Schmand und Gouda gut verrühren. Die fein gehackten, kalten Eier, den Senf und den Schnittlauch unterziehen. Eiercreme mit Salz und Pfeffer abschmecken.

Tipp(s):

- Mit einigen Schnittlauchröllchen bestreuen.

Eierquark

Personen: 4

250 g	Quark, Magerstufe
4 EL	Mineralwasser (m. Kohlensäure)
1	Ei, hart gekocht
1 EL	Schnittlauch, gehackt
	Jodsalz, Pfeffer
	Edelsüßpaprika

Quark mit Mineralwasser cremig rühren. Ei hacken und zusammen mit dem Schnittlauch unter den Quark geben. Mit den Gewürzen abschmecken.

Forellen-Aufstrich

(ca. 6 Portionen)

50 g	Forellenfilet
100 g	Quark, Magerstufe
1 EL	Saure Sahne
2 TL	Meerrettich
	Jodsalz, Pfeffer

Alle Zutaten miteinander pürieren und pikant abschmecken.

Grünkerncreme

(ca. 12 Portionen)

50 g	Grünkernschrot (fein)
100 m	Gemüsebrühe
1	Zwiebel
1	Knoblauchzehe
1 Bund	Kräuter, gemischt
50 g	Butter, weich
1/2 TL	Zitronensaft
1/2 TL	Senf
	Jodsalz, Pfeffer
	Muskat

Grünkernschrot in der Gemüsebrühe aufkochen und auf der ausgeschalteten Herdplatte ausquellen und erkalten lassen. Immer wieder einmal umrühren. Zwiebel in kleine Würfel schneiden, Knoblauch zerdrücken, Kräuter klein hacken. Alle Zutaten vermischen und pikant abschmecken.

Kräutercreme mit Butter

(ca. 20 Portionen)

250 g	Schmand
100 g	Butter
1 TL	Senf
2 TL	Zitronensaft
6 EL	Kräuter, fein gehackt
1	Knoblauchzehe, zerdrückt
	Jodsalz, Pfeffer

Butter schaumig rühren, Schmand hinzugeben und mit den übrigen Zutaten vermischen. Pikant abschmecken. Gut gekühlt servieren.

Tipp(s):

- Wem die Creme zu weich ist, kann noch einige geriebene Haselnüsse darunter geben.

Kräutercreme mit Käse

(ca. 12 Portionen)

200 g	**Frischkäse**
30 g	**Gouda, fein gerieben**
125 g	**Crème fraîche**
	Jodsalz, Pfeffer
2 EL	**frische Kräuter**
1	**Knoblauchzehe**

Frischkäse, geriebenen Käse und Crème fraîche glatt rühren, die gehackten Kräuter und die ausgepresste Knoblauchzehe unterrühren. Mit Salz und Pfeffer abschmecken.

Schnelle Kräutercreme

(ca. 20 Portionen)

300 g	**Frischkäse**
100 g	**Quark, Magerstufe**
6 EL	**Milch (3,5% Fett)**
4 EL	**Kräuter, fein gehackt**
	Jodsalz, Pfeffer

Frischkäse und Quark mit der Milch verrühren und mit den Kräutern vermischen. Mit den Gewürzen pikant abschmecken.

Tipp(s):

- Gut geeignet ist z. B. Kresse, der Quark schmeckt aber auch mit Schnittlauch oder Basilikum.

Kräuterquark

Personen: 4

250 g	Quark, Magerstufe
4 EL	Mineralwasser (mit Kohlensäure)
1/2	Zwiebel, gewürfelt
1 EL	Petersilie, gehackt
1 EL	Schnittlauch, gehackt
1/2 TL	Senf
	Jodsalz, Pfeffer

Alle Zutaten miteinander verrühren.

Kräuterquark mit Parmesan

Personen: 12

500 g	Quark, Magerstufe
400 g	Schmand
1 Bund	Dill
2 Bund	Petersilie
2 Bund	Schnittlauch
100 g	frisch geriebener Parmesan
3	Knoblauchzehen
	Jodsalz, Pfeffer

Quark und Schmand mit den gehackten Kräutern, zerdrücktem Knoblauch, Parmesan, Salz und Pfeffer verrühren.

Passt zu: Pellkartoffeln und einem Kartoffelbüfett.

Linsen-Curry-Aufstrich

(ca. 12 Portionen)

350 ml	**Gemüsebrühe**
70 g	**rote Linsen**
100 g	**Zwiebeln**
1 Bund	**Petersilie**
1 EL	**Curry**
1/2 TL	**Edelsüßpaprika**
1 TL	**Pflanzenöl**
	Jodsalz, Pfeffer

Linsen in der Gemüsebrühe in etwa 15 min weich kochen. Die Gemüsebrühe abgießen. Die fein gewürfelten Zwiebeln, die gehackte Petersilie, Öl und Gewürze zufügen und alles pürieren.

Meerrettich-Apfel-Aufstrich

Personen: 4

5 EL	**Schmand**
1 EL	**Quark, Magerstufe**
1 TL	**Meerrettich, frisch gerieben**
1/2	**Apfel**
	Jodsalz

Schmand mit Quark, Meerrettich und fein geriebenem Apfel vermengen. Eventuell etwas nachsalzen.

Tipp(s):

- Wer keinen frisch zu reibenden Meerrettich hat, kann auch welchen aus dem Glas nehmen.

Möhrenaufstrich
(ca. 12 Portionen)

200 g	**Möhren**
150 g	**Quark, Magerstufe**
1 EL	**Schlagsahne**
1 TL	**Zitronensaft**
	Jodsalz, Pfeffer

Die Möhren sehr fein raspeln und mit den übrigen Zutaten vermischen. Pikant abschmecken.

Möhrenbutter
(ca. 12 Portionen)

200 g	**Möhren**
100 g	**Butter, weich**
50 g	**Tomatenmark**
1	**Knoblauchzehe**
	Jodsalz, Pfeffer
	Basilikum, gehackt
	evtl. etwas Öl

Die Möhren waschen, schälen und sehr fein reiben (fast püriert). Mit den restlichen Zutaten mischen und pikant abschmecken. Eventuell mit etwas Öl glatt rühren.

Oliven-Frischkäse-Creme

(ca. 12 Portionen)

100 g	**schwarze Oliven, entsteint**
125 g	**Frischkäse**
75 g	**Jogurt**
1	**Knoblauchzehe, zerdrückt**
1 Bund	**Basilikum, fein gehackt**
1 TL	**Sesamsamen**
	Jodsalz, Pfeffer

Die Oliven in kleine Würfel schneiden und mit dem Frischkäse und dem Jogurt glatt rühren. Alle weiteren Zutaten zufügen und zu einer streichfähigen Masse verarbeiten.

Paprika-Frischkäse-Aufstrich

(ca. 12 Portionen)

200 g	**Frischkäse**
2 EL	**Ajvar (Paprika-Auberginen-Paste)**
	Jodsalz, Pfeffer
	Tabasco
1/2	**rote Paprikaschote**
1/2	**grüne Paprikaschote**

Den Frischkäse mit dem Ajvar und den Gewürzen cremig rühren. Die Paprikaschoten ganz fein würfeln oder hacken und mit dem dabei entstandenen Fruchtwasser in die Käsecreme geben. Die Creme abschmecken. Sollte sie zu fest sein, noch etwas Mineralwasser, 1 EL Jogurt oder etwas Milch unterrühren.

Tipp(s):

- Bei vorheriger Zubereitung die Paprikawürfel erst am Tage der Verwendung zugeben.

Paprikabutter

(ca. 12 Portionen)

1	Tomate
1/2	Paprikaschote
100 g	Butter
6	schwarze Oliven, entsteint
1	Knoblauchzehe, zerdrückt
1 TL	Thymian
	Jodsalz, Pfeffer

Tomaten und Paprika waschen und in sehr kleine Würfel schneiden. Butter schaumig rühren, Gemüsewürfel sowie alle anderen Zutaten zufügen und verrühren. Pikant abschmecken.

Paprika-Nuss-Paste

(ca. 20 Portionen)

500 g	rote Paprikaschoten
1 EL	Pflanzenöl
100 g	Haselnusskerne, gemahlen
1 Bund	Basilikum, fein gehackt
200 g	Frischkäse
1/2 TL	Edelsüßpaprika
1	Knoblauchzehe, zerdrückt
	Jodsalz, Pfeffer

Paprika waschen, in kleine Würfel schneiden und im heißen Öl etwa 8 min weich dünsten. Anschließend pürieren. Gemahlene Nüsse ohne Fett in einer Pfanne anrösten. Alle Zutaten vermischen und die Masse pikant mit den Gewürzen abschmecken.

Tipp(s):

- Anstelle von Haselnüssen kann man auch Cashewkerne oder Erdnüsse nehmen.
- Dieser Aufstrich eignet sich auch hervorragend als Soße für Pellkartoffeln.

Petersilienpaste

(ca. 20 Portionen)

70 g	Mandeln, fein gerieben
1/2	Zwiebel
200 g	Frischkäse
4 EL	Milch (3,5% Fett)
4 EL	Petersilie, fein gehackt
	Jodsalz, Pfeffer

Die geriebenen Mandeln ohne Fett in der Pfanne leicht anrösten. Zwiebel in sehr feine Würfel schneiden. Frischkäse mit der Milch cremig rühren und Mandeln, Zwiebeln und Kräuter zufügen. Mit Salz und Pfeffer abschmecken.

Tipp(s):

- Die Petersilienpaste schmeckt auch als Basilikum- oder Schnittlauchpaste.

Schafskäseaufstrich

(ca. 12 Portionen)

150 g	Schafskäse
50 g	Jogurt
100 g	Butter, weich
50 g	Zwiebeln, fein gehackt
1 Bund	Basilikum, fein gehackt
2	Knoblauchzehen, zerdrückt
	Pfeffer

Den Schafskäse durch ein Sieb streichen und mit den übrigen Zutaten vermischen. Mit Pfeffer pikant abschmecken.

Schabziger-Klee-Butter

(ca. 20 Portionen)

150 g	**Butter, weich**
200 g	**Frischkäse**
2 TL	**Schabziger Klee**
4 EL	**Schlagsahne**
2–3	**Knoblauchzehen, zerdrückt**
	Kräuterjodsalz

Alle Zutaten gut miteinander mischen und cremig rühren.

Passt zu: Schabziger Klee gibt dem Aufstrich einen sehr herzhaften, würzigen Geschmack. Daher passt er gut zu einem frisch gebackenen Sauerteigbrot mit kräftiger Kruste.

Tipp(s):

- Schabziger Klee ist übrigens in Bioläden und Reformhäusern erhältlich.

Weiße Bohnen-Paste

(ca. 20 Portionen)

100 g	**weiße Bohnen, getrocknet**
2	**Knoblauchzehen, zerdrückt**
100 g	**getrocknete Tomaten in Öl**
50 g	**Parmesan, gerieben**
2 TL	**Kapern**
100 g	**Tomatenmark**
	Cayennepfeffer
6 EL	**Olivenöl**

Die Bohnen über Nacht in 1/2 l Wasser einweichen und anschließend im Einweichwasser ca. 30 min garen. Abgießen und die Bohnen mit den übrigen Zutaten pürieren.
Pikant abschmecken.

Haselnuss-Honig

(ca. 20 Portionen)

100 g	**Haselnusskerne, gemahlen**
200 g	**Honig**
1/2 TL	**Vanille, gemahlen**

Alle Zutaten zu einer geschmeidigen Creme verrühren.

Tipp(s):

- Dieser Aufstrich hält sich gut einige Wochen.

Müsli-Butter

(ca. 20 Portionen)

100 g	**Butter, weich**
30 g	**Müsli**
1	**Banane**
1 TL	**Honig**
	einige Tropfen Zitronensaft

Butter schaumig rühren. Müsli rösten (oder das Knuspermüsli ohne Rosinen nehmen) und untermischen. Die Banane zerdrücken, mit etwas Zitronensaft beräufeln und mit dem Honig unter die Butter rühren.

Tipp(s):

- Dieser Aufstrich lässt sich gut ein bis mehrere Tage vor Verwendung zubereiten, dann allerdings die Banane kurz vorher unterrühren.

Nuss-Nougat-Creme

(ca. 20 Portionen)

100 g	Butter, weich
100 g	Nüsse, gemahlen
2 EL	Kakaopulver
1 EL	Honig
1 Msp.	Vanille, gemahlen

Die Butter schaumig rühren, alle weiteren Zutaten zufügen und vermischen. Abschmecken und eventuell noch etwas Honig zufügen.

Tipp(s):

- Als Nüsse eignen sich am besten Haselnüsse oder Cashewkerne.
- Dieser Aufstrich hält sich gut zwei Wochen.

Rosinenquark

(ca. 20 Portionen)

100 g	Rosinen
250 g	Quark, Magerstufe
100 ml	Schlagsahne
50 g	Erdnussbutter

Die Rosinen waschen und fein hacken oder pürieren. Mit den übrigen Zutaten cremig rühren.

Tipp(s):

- Der Rosinenquark schmeckt auch ohne Erdnussbutter.
- Dieser Aufstrich hält sich im Kühlschrank ein paar Tage.

soßen

Auch unsere Soßen haben es in sich. Es handelt sich dabei ausschließlich um fleischlose Soßen, die auf verschiedenen Gemüsen, Hülsenfrüchten und Gewürzen basieren und auf Knochen, Fleisch u. Ä. als Geschmacksgeber verzichten können. Nicht alle Soßen sind fettarm, die genauen Kalorien- und Fettgehalte können Sie den Nährwertangaben auf Seite 214 entnehmen. Daneben gibt es aber auch ausgesprochen kalorienarme Soßen, die nicht weniger schmackhaft sind.

Praktische Tipps:

- Lassen Sie sich von unseren Soßenideen inspirieren: Versuchen Sie doch selber einmal, eine Soße mittels püriertem Gemüse oder gekochter Kartoffel sämig zu machen und Gemüsekochwasser wie Gemüsebrühe als Basis für Ihre Soßen zu verwenden. Vor allem Zwiebeln sind sehr gut geeignet.
- Geschmackszutaten, wie etwas Tomatenmark, eine Messerspitze Senf, etwas Apfelsaft oder ein Teelöffel Wein, reichen oft schon aus, um einer Soße zusätzlichen Pepp zu geben. Es muss nicht immer Sahne sein!

Dill-Sahne-Soße

Personen: 4

2 Bund	Dill
150 g	Saure Sahne
1 EL	Zitronensaft
1	Zwiebel, fein gehackt
1 Msp.	Honig
	Jodsalz, Pfeffer

Den Dill fein hacken und mit der sauren Sahne, dem Zitronensaft, den Zwiebelwürfeln und den Gewürzen mischen.

Passt zu: Gurkensalat, allen Blattsalaten.

Jogurt-Kräuter-Soße

Personen: 4

200 g	Jogurt
4 TL	Zitronensaft
1 Msp.	Senf
4 EL	gemischte Kräuter, gehackt
	Jodsalz

Alle Zutaten vermengen.

Passt zu: allen Gemüsesorten.

Tipp(s):

- Geeignete Kräuter sind Petersilie, Kerbel, Schnittlauch, Dill, Borretsch, Zitronenmelisse, Thymian und Liebstöckel.

Jogurt-Orangen-Soße

Personen: 4

200 g	Jogurt
4 TL	Zitronensaft
4 TL	Orangensaft
1	Apfel, gerieben
1	Orange, klein geschnitten

Alle Zutaten vermengen.

Passt zu: Sellerie, Möhren, Eisbergsalat, Kopfsalat, Chicorée.

Sauce Vinaigrette

Personen: 4

1,5 EL	Pflanzenöl
4 EL	Essig
4 EL	Wasser
4 EL	gemischte Kräuter, gehackt
1	Zwiebel, fein gehackt
100 g	Tomaten, gewürfelt
100 g	Gewürzgurken, gewürfelt
	Jodsalz, Pfeffer

Alle Zutaten vermengen.

Passt zu: Paprika und Blattsalaten.

Apfelsoße

Personen: 4

2	**Äpfel**
1	**Zwiebel**
1	**Knoblauchzehe**
1	**rote Paprikaschote**
150 g	**Salatgurken**
2 EL	**Pflanzenöl**
125 ml	**Gemüsebrühe**
3 EL	**Saure Sahne**
	Jodsalz, Pfeffer
	Edelsüßpaprika
1 TL	**Honig (oder Zucker)**
1 TL	**Schnittlauch, gehackt**

Die Äpfel schälen, die Zwiebeln, die Knoblauchzehe, die Paprikaschoten und die Gurke putzen und grob würfeln. Das Öl in einem Topf erhitzen und alles darin anschmoren. Die Brühe zugießen und das Ganze 20 min dünsten lassen. Die saure Sahne und die Gewürze sowie den Honig zugeben, gut umrühren und kurz pürieren. Am Ende den Schnittlauch darüber streuen.

Diese pikante Soße stammt aus Ungarn.

Passt zu: Omeletts, pikanten Pfannkuchen, Getreidebratlingen, Kroketten, überbackenen Kartoffeln, pikantem Blätterteiggebäck.

Blue-Cheese-Dipp

(ca. 12 Personen)

50 g	Blauschimmelkäse
2 EL	Pflanzenöl
3 EL	Wasser
50 g	Frischkäse
1	Zwiebel, fein gehackt
1 TL	Petersilie, fein gehackt
2 TL	Schnittlauch, gehackt
	Pfeffer

Schimmelkäse mit einer Gabel fein zerdrücken und mit Öl, Wasser und Frischkäse mit einem Mixer cremig rühren. Anschließend Zwiebeln und Kräuter unterrühren. Mit Pfeffer abschmecken.

Passt zu: Brotstangen, mundgerecht geschnittenen Gemüsestücken und besonders gut Stangensellerie und Möhren.

Edamersoße

Personen: 4

200 g	Edamer
20 g	Butter
1	Zwiebel
125 ml	Weißwein
	Muskat
200 ml	Schlagsahne
1 EL	Petersilie, gehackt
	Jodsalz, Pfeffer

Den Edamer raspeln. Die gehackte Zwiebel in der Butter glasig dünsten und mit dem Weißwein ablöschen. Muskat und Pfeffer zugeben, Edamer einrühren und bei geringer Hitze schmelzen lassen. Am Ende die Soße mit dem Salz abschmecken und mit der Sahne verfeinern. Zuletzt die Petersilie unterrühren.

Passt zu: verschiedenen Gemüsen (z. B. Tomaten, Pilzen, Auberginen, Gurken) und lässt sich auch zum Überbacken von Gemüse- oder Kartoffelaufläufen verwenden, ist aber kalorienmäßig nicht ohne!

> Tipp(s):
>
> - Anstelle von Weißwein kann auch Gemüsebrühe genommen werden.

Gorgonzola-Spinat-Soße

Personen: 4

150 g	**Spinatblätter**
100 ml	**Wasser**
200 ml	**Schlagsahne**
150 g	**Gorgonzola**
	Gomasio (➢ Tipp)
	Dillspitzen

Die Spinatblätter waschen und gut abtropfen lassen. Das Wasser zum Kochen bringen und den Spinat darin 1–2 min blanchieren lassen. Spinat auf einem Sieb abtropfen lassen und grob hacken. Die Sahne aufkochen, den in kleine Stücke zerdrückten Gorgonzola dazugeben und schmelzen lassen. Dabei umrühren, aufkochen und etwas anschlagen. Den Spinat unterrühren. Soße mit Gomasio und Dillspitzen abschmecken.

Passt zu: Bratlingen, Pilzen, Omelett, Semmelknödeln.

> Tipp(s):
>
> - Gomasio ist gemahlener, gerösteter Sesam mit Salz. Sie können es ganz einfach selbst herstellen, indem Sie Sesam mahlen, rösten und nach Geschmack salzen. Oder Sie geben ganzen, gerösteten Sesam zur Soße.

Gurkensoße

Personen: 4

1	**Salatgurke**
250 ml	**Gemüsebrühe**
1 TL	**Crème fraîche**
	Jodsalz, Pfeffer

Die Gurke schälen, in Stücke schneiden und in der Hälfte der Brühe ca. 8 min kochen. Gurke und Brühe mit dem Mixer pürieren. Die restliche Brühe zugeben und aufkochen. Mit Salz und Pfeffer abschmecken, zum Schluss die Crème fraîche unterrühren, eventuell nochmals abschmecken.

Passt zu: Grünkern, Tomaten, Bratlingen, Nudeln, gedünstetem Fisch.

Heringssoße

Personen: 8

200 g	**Frischkäse**
300 g	**Jogurt**
2 TL	**Senf**
100 ml	**Schlagsahne**
150 g	**Heringe (Matjes)**
150 g	**Gewürzgurke**
150 g	**Apfel**
1 Bund	**Dill**

Den Frischkäse mit Jogurt, Senf, Sahne und Pfeffer verrühren. Heringe, Salzgurken und gewaschene Äpfel in kleinen Würfel schneiden und mit dem gehackten Dill unter die Soße rühren. Im Kühlschrank mindestens 1 Stunde durchziehen lassen.

Passt zu: Pellkartoffeln hervorragend und sollte auf keinem Kartoffelbüfett fehlen.

Möhren-Nuss-Soße

Personen: 4

400 g	**Möhren**
200 ml	**Gemüsebrühe**
50 g	**Walnusskerne, gerieben**
100 ml	**Schlagsahne**
	Jodsalz
	Pfeffer, weiß

Möhren waschen, putzen, klein schneiden und in der Gemüsebrühe 15 min garen. Möhren in der Brühe passieren. Flüssige Sahne und Nüsse zufügen, kurz einkochen lassen und abschmecken.

Passt zu: Brokkoli, Blumenkohl, Nudeln, Pellkartoffeln.

Tipp(s):

- Wem die Soße zu süßlich ist, kann anstelle der süßen Sahne auch saure Sahne verwenden oder eine gehackte Zwiebel mitgaren.

Pilz-Soße

Personen: 8

10 g	**getrocknete Steinpilze**
200 g	**Majonäse, 50 % Fett**
200 g	**Jogurt**
	Jodsalz, Pfeffer
100 g	**Champignons**

Steinpilze einweichen, ausdrücken und in sehr kleine Würfel schneiden. Mit Majonäse, Jogurt, Salz und Pfeffer verrühren. Champignons waschen und in feine Scheiben geschnitten zur Soße geben.

Passt zu: Pellkartoffeln, Fleischfondue und zu einem kalten Braten.

Tipp(s):

- Wer es etwas würziger mag, brät die Champignons mit einer klein geschnittenen Zwiebel in der Pfanne vorher kräftig an.

Piniensoße

Personen: 6

5 EL	**Pinienkerne**
1	**Knoblauchzehe**
1 Bund	**Basilikum**
1/4 TL	**Jodsalz**
60 g	**Schafskäse, gerieben**
1 Prise	**Cayennepfeffer**
6 EL	**Olivenöl**
200 ml	**Gemüsebrühe**

Pinienkerne, Knoblauchzehe und Basilikum sehr fein hacken. Mit etwas Salz, dem Schafskäse und dem Pfeffer unter langsamer Zugabe des Öls im Elektromixer gut verrühren. Inzwischen die Gemüsebrühe zum Kochen bringen und das Pinien-Käse-Öl-Gemisch damit sofort verdünnen.

Passt zu: Gebackenen, mit Schafskäse gefüllten Zwiebeln, Möhren, gedünstetem Paprika, Nudeln, Reis.

Tipp(s):

- Diese Soße sollte man, ähnlich wie Pesto, nur in kleinen Mengen verwenden. Durch den hohen Olivenöl-Anteil gibt es zwar reichlich einfach ungesättigte Fettsäuren, insgesamt ist der Fettanteil aber doch sehr reichlich.

Rote-Bete-Soße

Personen: 8

200 g	Majonäse, 50 % Fett
200 g	Jogurt
250 g	gekochte Rote Bete
1 EL	frisch geriebener Meerrettich (ersatzweise aus dem Glas)

Majonäse, Jogurt, klein gewürfelte Rote Bete und Meerrettich miteinander verrühren.

Passt zu: Pellkartoffeln und zu einem Kartoffelbüfett, aber auch zu Heringen.

Tipp(s):

- Als besondere Note und farbliche Abrundung können Sie etwas deutschen Kaviar hinzufügen.

Senfgurken-Soße

Personen: 6

200 g	Majonäse, 50 % Fett
300 g	Jogurt
2 – 3 EL	Senf
	Jodsalz, Pfeffer
150 g	Senfgurken
1 Bund	Schnittlauch

Majonäse mit Jogurt, Senf, Salz und Pfeffer verrühren. Die Senfgurken in kleine Würfel schneiden und bis auf einen kleinen Rest unter die Soße geben. Schnittlauch in Röllchen schneiden und unter die Soße geben. Mit den restlichen Senfgurkenstückchen garnieren.

Passt zu: Pellkartoffeln, aber auch zu einem Fleischfondue.

Tomaten-Dipp

Personen: 6

2	**Fleischtomaten**
2 EL	**Kapern**
20 g	**Sardellen**
1 EL	**Basilikum, fein gehackt**
1 EL	**Zitronensaft**
1 EL	**Kapernflüssigkeit**
5 EL	**Olivenöl**
	Jodsalz, Pfeffer

Die Tomaten mit kochendem Wasser überbrühen, häuten, entkernen und würfeln. Sardellen fein hacken, Kapern zerdrücken. Alle Zutaten mischen und gut durchrühren oder besser noch pürieren. Kräftig abschmecken.

Passt zu: Brotstangen, mundgerecht geschnittenen Gemüsestücken.

Tomatensoße

Personen: 4

600 g	**Tomaten**
1 EL	**Butter**
2	**Zwiebeln, gewürfelt**
2 EL	**Tomatenmark**
500 ml	**Gemüsebrühe**
1	**Knoblauchzehe, gepresst**
	Jodsalz, Pfeffer
	Oregano
	Basilikum
	Senf
	Thymian

Tipp(s):

- Mit 60 g gekochtem Naturreis (pro Person) vermischt, ergibt diese Soße ein Reisrisotto.

Tomaten kurz in heißes Wasser geben, abschrecken und die Schale abziehen, würfeln. Butter erhitzen, die Zwiebelwürfel darin andünsten. Tomatenmark und Tomatenwürfel zugeben und mit der Brühe auffüllen. Aufkochen lassen und mit den Gewürzen pikant abschmecken.

Passt zu: Vollkorn-Spagetti, Wirsingauflauf mit Mais, Blumenkohl.

Vegetarische Sauce Bolognese

Personen: 4

250 g	**Linsen**
1 l	**Wasser**
1	**Lorbeerblatt**
1 EL	**Pflanzenöl**
2	**Knoblauchzehen, gehackt**
2	**Zwiebeln, gehackt**
100 g	**Möhren, geraspelt**
100 g	**Knollensellerie, gehackt**
400 g	**Tomaten, gewürfelt**
1 EL	**Tomatenmark**
3 TL	**Oregano**
2 TL	**Basilikum**
1 TL	**Estragon**
2 EL	**Rotwein**
	Jodsalz, Pfeffer

Linsen in Wasser mit dem Lorbeerblatt bei milder Hitze 45 min garen. Lorbeerblatt bereits nach 15 min entfernen. Öl in einer großen Pfanne erhitzen, Zwiebeln und Knoblauch darin glasig dünsten. Sellerie und Möhren zufügen und weitere 2 min schmoren. Tomaten, Tomatenmark, Kräuter und Rotwein zufügen und die gegarten, gut abgetropften Linsen untermischen. Eventuell pürieren. Die Soße auf kleiner Flamme etwas einkochen lassen. Mit Salz und Pfeffer abschmecken.

Passt zu: Vollkornnudeln und Parmesankäse, geeignet als Soße für Lasagne.

Tipp(s):

- Im Winter, wenn keine heimischen Tomaten erhältlich sind, nimmt man einfach die dreifache Menge Tomatenmark und verdoppelt die Zwiebelmenge.
- Wurden die Linsen vorab eingeweicht, verkürzt sich die Garzeit erheblich.

Sommer, Pasta, Kaltes – Vorschläge für Vollwert-Büfetts

Aus unserer Palette an Rezepten haben wir im folgenden ein Dutzend Vorschläge zusammengestellt und unter dem Stichwort „Mein Büfett" auch Platz für die eigene Phantasie gelassen.

Einige allgemeine Hinweise vorab:

- Unsere Vorschläge gliedern sich in der Regel ähnlich: Neben Appetithäppchen, Salaten und den „Hauptgerichten" gibt es immer auch was Süßes.
- Natürlich können Sie einzelne Komponenten der verschiedenen Büfett-Vorschläge streichen und/oder ergänzen. Suchen Sie sich die Rezepte aus, von denen Sie glauben, Ihre Gäste leicht damit verwöhnen zu können.
- Für „Fleischliebhaber" unter Ihren Gästen erweitern Sie einfach unsere Büfett-Vorschläge nach Belieben um ein bis zwei Fleischgerichte aus Ihrem Repertoire.
- Das Käsegebäck eignet sich für alle Feste und Büfetts, entweder als Knabberei oder auch als essbare Dekoration. Es lässt sich hervorragend einfrieren und so wochenlang vor dem Fest bereits backen.
- Sehr gut vorbereiten und einfrieren lassen sich auch die Tartes und Quiches.
- Betrachten Sie die Brotaufstriche für die jeweiligen Büfetts als Vorschläge; es müssen nicht immer drei sein. Die Brotaufstriche lassen sich sehr gut 1 bis 2 Tage vor dem Fest zubereiten. Sie sind auch als Dipps für Gemüsestifte etc. einsetzbar, wenn sie mit Quark, Saurer Sahne oder Jogurt „verlängert" werden.

Frühlings-Büfett

Blitzbrot ➢ 87 *mit*
Eier-Creme ➢ 179
Grünkerncreme ➢ 181
Oliven-Frischkäse-Creme ➢ 186
Pilze süßsauer ➢ 140
Gemüse, z. B. Blumenkohlröschen
kurz gegart oder roh,
Chicoree, Möhren *mit*
Dipps, z. B. Kräuterquark ➢ 181
und Basilikum-Tomaten-Creme ➢ 176
Getreidebratlinge ➢ 78
Kartoffelauflauf mit Frühlingszwiebeln ➢ 144
Spinat-Kartoffel-Gratin ➢ 126
Nussecken ➢ 97
Apfel-Crumble ➢ 106

Sommer-Büfett

Quarksemmeln ➢ 90
mit Paprika-Frischkäse-Aufstrich ➢ 187
Schnelle Kräutercreme ➢ 182
Bunter Quark ➢ 179
Fruchtiger Eisbergsalat ➢ 132
Bunte Salatschüssel ➢ 130
Buchweizenschnitten mit Champignons ➢ 77
Porree-Quiche ➢ 124
Versunkener Kirschkuchen ➢ 101
Rote Grütze mit Vanillesoße ➢ 109 + 159

Herbst-Büfett

Krustenbrot ➢ 88 *mit*
Meerrettich-Apfel-Aufstrich ➢ 184
Basilikum-Tomaten-Creme ➢ 178
Möhrenaufstrich ➢ 183
Endiviensalat mit Käse ➢ 132
Kohlrabi-Möhren-Rohkost ➢ 133
Blumenkohl mit Möhrensoße ➢ 113 *mit*
Gebackenen Greyerzer Kartoffeln ➢ 144
Tarte mit Pfifferlingen ➢ 81
Apfel-Kefir-Auflauf ➢ 197
Russischer Streuselkuchen ➢ 99

Winter-Büfett

Weizenvollkornbrötchen ➢ 91 *mit*
Möhrenbutter ➢ 185
Linsen-Curry-Aufstrich ➢ 184
Forellenaufstrich ➢ 180
Rote Bete Rohkost ➢ 136
Winterlicher Chicoree Salat ➢ 137
Grünkernbraten mit Tomatensoße ➢ 79
und Kartoffeln vom Blech ➢ 148
Wirsingauflauf mit Mais ➢ 85
Bratäpfel mit Vanillesoße ➢ 108
Großmutters Käsekuchen ➢ 94

Salatbüfett

– Auch als Ergänzung zu einem Grillfest geeignet –

Eingelegter Schafskäse ➢ 154
Marinierte Auberginen ➢ 138
Kohlrabischeiben mit Nüssen ➢ 134
Türkische Zitronen-Bohnen ➢ 127
Sesamstreifen auf Salatbett ➢ 135
Weizen-Gemüse-Salat ➢ 84
Linsensalat ➢ 134
Pikanter Kartoffelsalat ➢ 150
Quarkauflauf mit Hirseflocken ➢ 155
Königskuchen ➢ 96

Schnelles Büfett

Blitzbrot ➢ 87 *mit*
Paprika-Frischkäse-Aufstrich ➢ 187
Schabziger-Klee-Butter ➢ 188
oder Sie kaufen verschiedene Vollkornbrote
Salat der Saison mit Joghurt-Kräuter-Soße ➢ 193
Pilzragout mit Pellkartoffeln ➢ 123
Porreetopf ➢ 124
Schoko-Nuss-Rührkuchen ➢ 93

Kaltes Büfett

Kohlrabischeiben mit Nüssen ➢ 134
grüne Bohnen mit Kapernsoße ➢ 136
Bunter Gemüsesalat ➢ 130
Rotkohlsalat mit Käsesoße ➢ 137
Käse-Spinat-Kugeln ➢ 154
Weizen-Gemüse-Salat ➢ 84
Getreidebratlinge ➢ 78 *mit*
Schneller Kräutercreme ➢ 182
Fruchteis ➢ 108
Nuss-Mandel-Biskuit ➢ 98

Fischbüfett

Salat der Saison *mit* Sauce Vinaigrette > 194
Bunte Salatschüssel > 130
Bananen-Curry-Fisch > 162
Kabeljaufilet in Senfsoße > 167
Fischnester > 165
Gurkengemüse > 116
Blumenkohl in Möhrensoße > 113
Weißkohlgemüse mit Senf > 128
Buchweizenbiskuit mit Obst > 92
Nussecken > 97

Büfett für Karten- und Spieleabende

Zebrabrot > 90
Käsegebäck > 95
Windbeutel > 100 und Gemüsestifte *mit*
Kräutercreme mit Käse > 182
Paprika-Nuss-Paste > 187
Rote Paprika mit Knoblauch > 141
Bunter Sprossensalat > 131
Möhren- oder Zucchini-Puffer > 122 *mit*
Kräutercreme mit Butter > 181
Tarte mit Pfifferlingen > 81
Mürbeteig-Torteletts mit Obst > 96
Sesam-Hafer-Waffeln > 100

Alles (Ein)Topf

Erbsencremesuppe > 116
Kürbissuppe > 120
Grünkohlauflauf > 119
oder
Sauerkrautauflauf > 125
Weiße-Bohnen-Eintopf > 128
Apfel-Kefir-Auflauf > 107
Russischer Streuselkuchen > 99

Pasta-Büfett

Kartoffelbüfett

Mein Büfett

" .... "

Löffelmaße/Abkürzungen

Lebensmittel	Gewicht (g) 1 TL	1 EL
Backpulver	3	10
Brühe	5	15
Butter	5	15
Crème fraîche	5	15
Grieß	3	12
Haferflocken	2	8
Haselnüsse, gerieben	2	7
Honig	6	20
Jogurt	6	17
Käse, gerieben	3	8
Kräuter	2	5
Mandeln, gerieben	3	8
Margarine	3	11
Mehl	3	10
Milch	5	15
Öl	4	12
Paprikagewürz	2	8
Quark	9	25
Reis	5	15
Saft	5	15
Schlagsahne	5	15
Semmelbrösel	3	10
Senf	3	9
Tomatenmark	5	18
Weizenkörner	5	15
Weizenvollkornmehl	3	10
Zucker	5	15
Das Volumen beträgt	beim Teelöffel 5 ml,	beim Esslöffel 15 ml.

EL = Esslöffel
TL = Teelöffel
g = Gramm
gestr. = gestrichen
i.Tr. = in Trockenmasse
kcal = Kilokalorien
kg = Kilogramm
l = Liter
ml = Milliliter
min = Minuten
Msp. = Messerspitze

anhang

nährwertberechnungen

Bei den Nährwertberechnungen für die vorliegenden Rezepte haben wir uns auf wenige Maßzahlen beschränkt. Der Energiegehalt, also die Kalorien, ist für viele immer noch das Wichtigste. Aber Sie sollten nicht vergessen, sich öfter einmal die Fettgehalte anzuschauen. Als Anhaltsmenge gilt, dass nicht mehr als ein Drittel der täglichen Kalorien durch Fett geliefert werden sollten, aber gut die Hälfte bis zwei Drittel von den Kohlenhydraten. In konkreten Zahlen heißt das: Bei ca. 2000 kcal täglich sollten ca. 65 g Fett und ca. 270 g Kohlenhydrate sein. Diese Werte können Ihnen ein Anhaltspunkt bei der Auswahl der Rezepte sein. Suchen Sie sich ein fettreicheres Rezept aus, müssen Sie den restlichen Tag sparsamer mit Fett umgehen bzw. umgekehrt.

Fett verbessert einerseits als wichtiger Geschmacks- und Aromaträger den Genusswert von Speisen und liefert fettlösliche Vitamine. Andererseits stellt Fett mit 9 kcal pro Gramm den höchsten Energieträger dar. Zahlreiche Untersuchungen belegen, dass eine fettreiche Ernährung ein erhöhtes Herzinfarktrisiko darstellt und wahrscheinlich auch für verschiedene Krebserkrankungen, z. B. Dickdarmkrebs, verantwortlich ist.

In unseren Berechnungen finden Sie die Aufteilung in gesättigte, einfach und mehrfach ungesättigte Fettsäuren. Die Deutsche Gesellschaft für Ernährung empfiehlt ein Verhältnis von ungefähr 1:1:1 dieser Fettsäuren. Dieses Verhältnis wird nach dem derzeitigen Wissensstand als optimal in seinen Auswirkungen auf den Fettstoffwechsel angesehen.

Für diejenigen, die auf ihren Cholesterin- bzw. Fettstoffwechsel achten (müssen), haben wir bei den Nährwertberechnungen den Cholesterin-Gehalt der Rezepte angegeben. Obwohl Cholesterin für den Körper notwendig ist, sind wir auf eine Zufuhr mit der Nahrung nicht angewiesen. Unser Körper kann Cholesterin in ausreichender Menge selbst herstellen – etwa 600–800 mg pro Tag. Darüber hinaus nehmen wir über die Lebensmittel etwa 400–500 mg pro Tag zu uns. Nach den Empfehlungen der Deutschen Gesellschaft für Ernährung sollten es nicht mehr als 300 mg pro Tag sein.

Nicht zuletzt sind auch die Angaben über den Ballaststoffgehalt wichtig. Der Tagesbedarf liegt bei 25–30 g täglich. Diese Menge ist gar nicht so einfach zusammenzubekommen, wenn man nicht gezielt auf hohe Ballaststoffgehalte achtet – oder vollwertig isst. Probieren Sie es aus!

Wer es genauer wissen möchte, kann sich die Angaben zur Bedarfsdeckung der Hauptnährstoffe vergegenwärtigen (➢ Seite 226).

Die Nährwertberechnungen aller Rezepte wurden mit den Daten des Bundeslebensmittelschlüssels II.a durchgeführt. Sofern eine Personen- oder Portionenzahl angegeben ist, beziehen sich alle Nährwertangaben auf eine Portion. Bei Broten, Kuchen etc. gelten die Angaben pro Rezept. Die Werte sind jeweils auf- bzw. abgerundet.

nährwertberechnungen

Abkürzungen

Port.	Portionen/Personen	Ballast.	Ballaststoffe
Kcal	Kilocalorien	Chol.	Cholesterin
kJ	Kilojoule	euFS	einfach ungesättigte Fettsäuren
KH	Kohlehydrathe	muFS	mehrfach ungesättigte Fettsäuren
		gFS	gesättigte Fettssäurern

Getreidegerichte	Seite	Port.	Kcal	kJ
Frischkornbrei mit Obst der Jahreszeit	76	4	313	1308
Knuspermüsli	76	12	186	777
Buchweizenschnitten mit Champignons	77	8	381	1597
Getreidebratlinge	78	4	276	1157
Grünkernbraten mit Tomatensoße	79	6	340	1420
Hirsotto mit Käse	80	4	315	1320
Tarte mit Pfifferlingen	81	6	453	1900
Volllkornspätzle mit Käse	82	4	559	2340
Spätzle mit Spinat	83	4	326	1364
Weizen-Gemüse-Salat	84	4	261	1094
Weizenpfanne	84	4	379	1590
Wirsingauflauf mit Mais	85	4	456	1909
Brot/Brötchen				
Apfelbrötchen	86	20	101	422
Blitzbrot	87	*	3055	12785
Krustenbrot	88	*	2536	10616
Norwegisches Fladenbrot	89	*	2641	11054
Quarksemmeln	90	8	130	546
Zebrabrot	90	8	222	926
Weizenvollkornbrötchen	91	20	87	364
Kuchen/Kekse				
Buchweizenbiskuit mit Obst	92	12	206	862
Früchtebrot	93	20	202	844
Schoko-Nuss-Rührkuchen	93	*	7527	31520
Großmutters Käsekuchen	94	12	306	1282
Käsegebäck	95	*	3607	15104
Königskuchen	96	*	4623	19359
Mürbeteig-Tortenboden/-Torteletts	96	*	1882	7881
Nussecken	97	32	268	1120
Russischer Streuselkuchen	98	*	5259	22025
Nuss-Mandel-Biskuit	99	*	1014	4249
Sesam-Hafer-Waffeln	100	*	749	3139
Versenkter Kirschkuchen	101	12	197	825
Windbeutel	102	*	1351	5660
Pikante Quarkfüllung (für Windbeutel)	103	*	883	3703
Süße Füllung (für Windbeutel)	103	*	996	4179

KH (g)	Ballast. (g)	Chol. (mg)	Fett	euFS	muFS	gFS
43	6	14	10	6	1	2
18	3	0	11	3	4	3
37	5	166	20	6	1	11
32	6	118	11	3	5	1
30	5	100	18	7	2	7
36	2	22	13	3	3	5
27	11	12	32	10	5	15
64	11	268	21	6	2	9
39	9	132	10	3	1	4
35	9	0	9	1	5	1
58	12	0	10	2	5	1
60	7	140	13	4	1	6
14	2	22	4	1	0	2
347	83	0	131	33	73	16
473	83	15	19	3	7	3
372	71	459	88	26	16	36
21	3	30	2	0	0	0
19	4	34	12	3	1	7
16	3	0	1	0	0	0
24	2	118	10	3	1	5
26	3	36	9	6	1	1
641	90	1782	489	217	70	169
26	3	119	16	5	3	7
153	36	1024	285	96	61	128
533	48	1441	215	78	43	93
172	25	353	116	41	25	46
20	3	33	19	10	2	6
483	57	1462	296	96	37	142
122	12	712	41	22	5	7
51	6	130	51	18	16	4
24	2	50	9	3	2	4
91	15	1032	88	30	15	33
14	2	208	68	21	4	39
92	5	185	60	18	2	35

nährwertberechnungen

Obst	Seite	Port.	Kcal	kJ
Apfel-Crumble	106	8	233	973
Apfel-Kefir-Auflauf	107	8	268	1122
Bratäpfel mit Vanillesoße	108	4	296	1243
Fruchteis	108	4	196	824
Rote Grütze	109	8	85	361
Warme Gemüsegerichte				
Blumenkohl mit Möhrensoße	113	4	198	828
Bunter Nudelauflauf	114	6	347	1457
Champignon-Zwiebel-Möhren-Gemüse	115	4	118	495
Erbsencremesuppe	116	4	327	1368
Gurkengemüse	116	4	80	334
Gefüllte Paprikaschoten	117	4	408	1705
Gemüse-Lasagne	118	4	415	1737
Grünkohlauflauf	119	4	404	1700
Kohlrabi-Möhren-Gemüse	120	4	143	601
Kürbissuppe	120	4	133	557
Linsen-Dinkel-Curry	121	6	335	1403
Möhren- oder Zucchini-Puffer	122	4	200	840
Paprikagemüse	122	4	73	306
Pilzragout mit Kartoffeln	123	4	248	1044
Porreetopf	124	4	211	885
Porree-Quiche	124	6	344	1439
Sauerkrautauflauf	125	4	341	1428
Spinat-Kartoffel-Gratin	126	6	507	2121
Türkische Zitronen-Bohnen	127	4	456	1906
Weiße-Bohnen-Eintopf	128	6	453	1894
Weißkohlgemüse mit Senf	128	4	106	448
Zucchinikuchen	129	4	455	1906
Gemüsesalate				
Bunter Gemüsesalat	130	6	181	758
Bunte Salatschüssel	130	4	91	384
Bunter Sprossensalat	131	4	130	545
Endiviensalat mit Käse	132	4	226	947
Fruchtiger Eisbergsalat	132	4	151	634

KH (g)	Ballast. (g)	Chol. (mg)	Fett	euFS	muFS	gFS
39	4	0	6	2	3	1
37	2	152	5	2	1	2
40	3	27	11	4	0	4
10	8	45	15	4	0	9
17	3	0	1	0	0	2
10	9	38	13	3	0	7
38	11	139	11	3	2	6
9	7	6	6	1	2	1
37	12	31	11	3	1	6
3	1	18	6	1	0	3
31	9	65	24	7	6	14
49	11	21	15	3	4	5
42	12	41	17	4	1	9
8	3	31	10	3	0	6
6	0	31	10	3	0	6
48	10	6	7	3	2	2
12	5	183	12	3	5	2
6	5	0	4	0	2	0
42	12	0	3	0	2	0
11	3	39	13	3	0	7
21	5	205	20	7	2	11
30	9	251	15	4	3	5
30	11	95	30	9	2	18
45	42	18	11	4	1	4
42	17	45	21	5	4	9
8	4	18	6	1	0	3
27	5	116	30	10	3	14
18	8	0	8	5	1	1
11	4	5	2	0	0	1
9	6	0	8	5	1	1
4	1	13	19	6	7	4
13	4	0	9	1	5	1

	Seite	Port.	Kcal	kJ
Kohlrabi-Möhren-Rohkost	133	4	92	385
Kohlrabischeiben mit Nüssen	134	*	1019	4268
Linsensalat	134	6	135	568
Sesamstreifen auf Salatbett	135	4	228	956
Möhren-Apfel-Rohkost	136	4	104	434
Rote-Bete-Rohkost	136	4	140	587
Rotkohlsalat mit Käsesoße	137	4	116	486
Winterlicher Chicoréesalat	137	4	166	698
Eingelegte Gemüse				
Grüne Bohnen mit Kapernsoße	138	*	766	3227
Kürbis süß-sauer	138	*	720	3000
Marinierte Auberginen	139	*	2596	10880
Pilze süßsauer	140	*	206	870
Rote Paprika mit Knoblauch	141	*	1334	5680
Kartoffelgerichte				
Gebackene Greyerzer-Kartoffeln	144	4	345	1446
Kartoffelauflauf mit Frühlingszwiebeln	144	4	336	1411
Gekochte Kartoffelklöße	145	4	316	1326
Kartoffel-Käse-Rösti	146	4	586	2455
Kartoffel-Kräuter-Gratin	146	4	387	1623
Kartoffelkuchen	147	8	411	1723
Kartoffeln vom Blech	148	4	328	1375
Kartoffelragout mit Kressesoße	148	4	347	1455
Kartoffeltortilla	149	4	326	1370
Pikanter Kartoffelsalat	150	4	290	1216
Überbackene Kartoffeln mit Quarkguss	151	4	275	1155
Milchspeisen				
Eingelegter Schafskäse	154	*	5408	22655
Käse-Spinat-Kugeln	154	4	216	907
Quarkauflauf mit Hirseflocken	155	4	224	939
Quarkbällchen	156	*	1684	7058
Quarkknödel	156	6	285	1198
Quarkplinsen	157	4	427	1790
Selbst gemachter Jogurt	158	*	739	3102
Vanille-Soße	159	4	166	696

KH (g)	Ballast. (g)	Chol. (mg)	Fett	euFS	muFS	gFS
6	3	0	5	1	3	0
11	5	0	105	22	66	12
15	5	0	4	1	2	0
7	1	238	17	5	6	3
16	5	7	2	0	0	1
15	2	20	6	1	0	3
6	3	16	6	1	0	3
22	4	5	5	1	2	1
68	33	0	42	25	5	7
145	7	0	3	1	1	1
64	42	2	252	178	24	37
22	11	0	1	0	0	0
74	36	1	104	67	13	17
31	4	57	17	5	0	10
36	5	36	11	3	0	6
59	9	59	2	0	0	0
39	5	308	34	10	6	15
46	5	139	15	4	2	6
22	5	90	30	17	2	10
27	6	30	20	8	4	7
35	5	264	15	5	1	7
25	7	251	19	5	5	5
38	6	0	11	2	7	1
25	3	143	12	4	0	6
11	2	185	574	375	50	122
4	1	40	16	6	0	8
22	2	121	7	3	1	1
64	15	312	119	42	10	60
26	1	143	12	3	0	6
30	3	135	22	6	6	6
53	0	151	40	12	1	24
19	1	75	6	2	0	3

Fischgerichte	Seite	Port.	Kcal	kJ
Bananen-Curry-Fisch	162	4	467	1957
Fischfilet in Paprika	163	4	393	1645
Fisch-Gemüse-Klößchen	164	4	314	1316
Fischnester	165	4	340	1422
Fischtopf mit Tomaten und Oliven	166	4	382	1606
Kabeljaufilet in Senfsoße	167	4	311	1299
Eiergerichte				
Eier in Kräutersoße	170	4	338	1401
Eier in Senfsoße	170	4	229	962
Eier-Ragout	171	4	216	910
Frühlingssalat	172	8	324	1366
Käse-Eier	173	6	387	1615
Pfannkuchen-Tomaten-Pizza	174	4	369	1540
Tortillas mit Quarksoße	175	4	314	1315
Herzhafte Brotaufstriche				
Avocadocreme	178	4	168	704
Basilikum-Tomaten-Creme	178	20	73	307
Bunter Quark	179	4	51	217
Eier-Creme	179	20	66	274
Eierquark	180	4	70	295
Forellen-Aufstrich	180	6	27	111
Grünkerncreme	181	12	48	198
Kräutercreme mit Butter	181	20	65	272
Kräutercreme mit Käse	182	12	89	371
Schnelle Kräutercreme	182	20	58	242
Kräuterquark	183	4	50	212
Kräuterquark mit Parmesan	183	12	141	599
Linsen-Curry-Aufstrich	184	12	27	114
Meerrettich-Apfel-Aufstrich	184	4	50	211
Möhrenaufstrich	185	12	16	71
Möhrenbutter	185	12	69	288
Oliven-Frischkäse-Creme	186	12	43	176
Paprika-Frischkäse-Aufstrich	186	12	55	229
Paprikabutter	187	12	66	276
Paprika-Nuss-Paste	187	20	82	342

KH (g)	Ballast. (g)	Chol. (mg)	Fett	euFS	muFS	gFS
30	5	183	16	4	1	8
23	11	195	9	2	1	3
16	2	170	14	6	1	5
4	0	168	10	2	3	3
10	2	188	19	6	1	10
9	1	146	10	2	1	5
7	1	364	14	9	2	14
11	1	263	15	5	1	7
9	5	255	13	4	1	5
6	2	279	14	7	12	4
8	1	343	27	9	2	13
23	5	169	21	6	6	7
19	4	139	18	5	5	5
1	2	0	17	12	1	2
1	0	16	7	2	1	3
3	0	0	0	0	0	0
1	0	38	5	2	0	3
2	0	60	1	0	0	0
1	0	7	1	0	0	0
3	1	10	3	1	0	2
1	0	20	7	2	0	4
1	0	24	8	2	0	5
1	0	16	5	2	0	3
3	0	0	0	0	0	0
3	0	31	10	3	0	7
4	1	0	1	0	0	0
2	0	12	3	1	0	2
1	1	1	1	0	0	0
1	1	20	7	2	0	4
1	0	11	4	1	0	2
3	0	13	4	1	0	3
1	1	20	7	2	0	4
2	1	10	7	3	1	2

	Seite	Port.	Kcal	kJ
Petersilienpaste	188	20	56	236
Schafskäseaufstrich	188	12	97	404
Schabziger-Klee-Butter	189	20	104	432
Weiße Bohnen-Paste	189	20	70	294
Süße Brotaufstriche				
Haselnuss-Honig	190	20	63	261
Müsli-Butter	190	20	48	200
Nuss-Nougat-Creme	191	20	71	297
Rosinenquark	191	20	54	225
Salatsoßen				
Dill-Sahne-Soße	193	4	56	234
Jogurt-Kräuter-Soße	193	4	42	176
Jogurt-Orangen-Soße	194	4	71	299
Sauce Vinaigrette	194	4	66	277
Soßen, warme + kalte				
Apfelsoße	195	4	135	563
Blue-Cheese-Dipp	196	12	52	219
Edamersoße	196	4	357	1489
Gorgonzola-Spinat-Soße	197	4	273	1138
Gurkensoße	198	4	24	100
Heringssoße	198	8	219	914
Möhren-Nuss-Soße	199	4	174	732
Pilz-Soße	199	8	145	601
Piniensoße	200	6	220	917
Rote-Bete-Soße	201	8	156	644
Senfgurken-Soße	201	6	212	881
Tomaten-Dipp	202	6	136	570
Tomatensoße	202	4	68	287
Vegetarische Sauce Bolognese	203	4	274	1149

KH (g)	Ballast. (g)	Chol. (mg)	Fett	euFS	muFS	gFS
1	1	11	5	2	1	2
1	0	26	9	2	0	6
1	0	32	11	3	0	6
3	1	2	6	4	1	1
8	0	0	4	3	0	0
2	0	12	4	1	0	1
1	1	12	7	3	1	3
4	1	5	3	0	0	1
3	0	13	3	1	0	2
3	0	7	1	0	0	1
9	1	7	2	0	0	1
2	0	0	5	1	3	0
12	3	4	9	2	5	2
0	0	8	5	1	2	2
3	1	82	29	7	1	17
1	1	77	25	6	1	15
3	1	1	1	0	0	0
6	1	59	18	6	2	9
6	3	22	15	3	5	5
4	0	16	14	3	1	2
1	0	4	22	13	5	4
6	2	15	14	3	8	2
7	0	23	19	4	11	4
3	1	0	13	9	1	2
6	2	9	3	0	0	1
38	10	0	5	1	3	0

Tagesbedarf an Hauptnährstoffen

(bei einem Energiebedarf von 2000 kcal/Tag)

Nährstoff	Tagesbedarf (in g)	Tagesbedarf (in %)
+ Eiweiß	0,8 g /kg Körpergewicht entspr. 52 g bei 65 kg Körpergewicht	10–15 %
+ Fett	64 g	30 %
- Fettsäuren, gesättigte	max. 21 g bei 2000 kcal Deckung problemlos, oft zu viel	max. ein Drittel der Gesamtfettmenge
- Fettsäuren, einfach ungesättigte	mind. 21 g bei 2000 kcal	mind. ein Drittel der Gesamtfettmenge
- Fettsäuren, mehrfach ungesättigte	max. 21 g bei 2000 kcal	max. ein Drittel der Gesamtfettmenge
+ Kohlenhydrate	295 g	55-60 %
+ Ballaststoffe	25-30 g	–

Einkaufsplan und Vorratshaltung

Grundvorrat an Lebensmitteln, die im Haus sein sollten

Getreide als ganzes Korn, Naturreis, Vollkornteigwaren, Vollkornhaferflocken, Getreideflocken, Marmelade, Honig, Kartoffeln

Jedes halbe Jahr einkaufen

Jodsalz, Gewürze (Pfeffer, Paprika, Cayenne-Pfeffer, Chili-Pulver, Curry, Kümmel, Majoran, Muskatnuss, Oregano, Rosmarin, Salbei, Thymian, Zimt), Tabasco, Sesam, Leinsamen, Sonnenblumenkerne, Nüsse, Kürbiskerne, Rosinen, Gemüsebrühwürfel, Senf, Essig, Tomatenmark, Zucker, Vanilleschoten, Backpulver

Tagesbedarf (in kcal)	Tagesbedarf wird gedeckt durch
200–300 kcal	1/2 l fettarme Milch, + 50 g Käse (30 % Fett i. Tr.), + 300 g Vollkornbrot
600 kcal	20 g aus 1/2 l fettarmer Milch, 50 g Käse, 300 g Vollkornbrot (s. bei Eiweiß), 35 g Streich- und Kochfett 9 g verbleibender Rest
–	tierische Fette, Plattenfette, verstecktes Fett (Fleisch, Wurst, Käse, Gebäck, Schokolade)
–	Olivenöl, Rapsöl, Sesamöl, Erdnussöl
–	Sonnenblumenöl, Distelöl, Maiskeimöl, Sojaöl, Leinöl, Weizenkeimöl, Rapsöl
1100–1200 kcal	120 g aus 300 g Vollkornbrot, Rest durch Kartoffeln/Getreide/Reis/Nudeln sowie durch Obst und Gemüse
–	20 g in 300 g Vollkornbrot 10 g in 400 g Gemüse 4-5 g in 300 g Obst

1 x im Monat
Vollkornzwieback, Vollkornknäckebrot, Vollkornmehl, Öl, Getränke(Mineralwasser, Tee, Obstsäfte), Kartoffeln, Zwiebeln, Knoblauch

1 x pro Woche
Jogurt, Quark, Butter, Käse, Eier, süße und saure Sahne

ca. 2 x pro Woche
Milch, Obst, Gemüse, frische Kräuter, Brot, Fleisch, Aufschnitt

Am Tag der Zubereitung
Fisch, Hackfleisch

register

J …

K …

L …

M …

N...

O...

P...

Q...

R...

S...

T …

U …

V …

W …

Z …

Hinweise zur Orientierungstabelle

Orientierungstabelle für die Vollwert-Ernährung:
Empfehlungen für die Lebensmittelauswahl gesunder Erwachsener. Autoren: Thomas Männle, Karl v. Koeber, Claus Leitzmann, Ingrid Hoffmann, Anke v. Hollen, Wiebke Franz, 4. Auflage 2000, € 4,-

Für die Einteilung der Lebensmittel in diese Tabelle werden gesundheitliche/ernährungsphysiologische sowie ökologische und soziale Aspekte berücksichtigt. Von besonderer Bedeutung sind Art und Ausmaß der Lebensmittelverarbeitung, da mit zunehmender Verarbeitung in der Regel die Nährstoffdichte sinkt und die ökologischen Nachteile zunehmen. Die Übergänge zwischen den Spalten sind teilweise fließend.
Die Nahrung sollte etwa je zur Hälfte aus der ersten und zweiten Spalte ausgewählt werden. Lebensmittel aus Spalte drei sollten nur selten verzehrt, aus Spalte vier möglichst vermieden werden. Ein Stern (*) bedeutet, dass diese Lebensmittel mäßig verwendet werden sollten; diese mengenmäßige Einschränkung ist in den Spalten drei und vier durch die Überschrift gegeben und darum nicht nochmals vermerkt.
Weiter oben aufgeführte, d. h. pflanzliche Lebensmittel sollten gegenüber tierischen Lebensmitteln bevorzugt werden.

Herausgeber:
- Verbraucher-Zentrale NRW e.V., Mintropstr. 27, 40215 Düsseldorf
- Verband für Unabhängige Gesundheitsberatung e. V. (UGB), Sandusweg 3, 35435 Wettenberg-Gießen

Bezugsadressen:
- Verbraucher-Zentrale NRW e.V. Bereich 3, Gruppe Ernährung, Mintropstr. 27, 40215 Düsseldorf
- UGB, Sandusweg 3, 35435 Wettenberg-Gießen Mindestbestellwert € 12,50

Wir bitten um Ihre Mithilfe!

Mehr als fünf bis zehn Minuten brauchen Sie nicht, um uns unsere Fragen an Sie zu beantworten. Das hilft uns, diesen Ratgeber beim nächsten Mal vielleicht noch besser zu machen. Und deshalb freuen wir uns über jede Meinungsäußerung, positive wie kritische. Herzlichen Dank!

1. Die Sachinformationen sind

☐ informativ ☐ überflüssig ☐ zu kurz

☐ nicht verständlich ☐ eine gute Argumentationshilfe

Zusatzbemerkung: ____________________

____

____

2. Wie gefallen Ihnen die Rezepte?:

	Zutaten	Zubereitung	Darstellung
Sehr gut	☐	☐	☐
gut	☐	☐	☐
befriedigend	☐	☐	☐
nicht	☐	☐	☐

3. Haben Sie Rezepte ausprobiert?

Welches? ____________________

Wie hat es geschmeckt? ____________________

Wie hat es funktioniert? ____________________

Sollte etwas geändert werden? ____________________

Welches? ____________________

Wie hat es geschmeckt? ____________________

Wie hat es funktioniert? ____________________

Sollte etwas geändert werden? ____________________

Welches? ____________________

Wie hat es geschmeckt? ____________________

Wie hat es funktioniert? ____________________

Sollte etwas geändert werden? ____________________

4. Mein Lieblingsrezept zur Zeit ist

____

weil ____________________________________

5. Die Vorschläge für Vollwert-Büfetts

- ☐ finde ich brauchbar
- ☐ kann ich meinen Gästen nicht anbieten, weil

6. Für ein Vollwert-Büfett möchte ich folgende Idee/folgendes Rezept beisteuern:

7. Am Besten an diesem Ratgeber gefällt mir:

8. Verzichten könnte ich auf:

9. Haben Sie noch weitere Anmerkungen, Fragen ...?

Falls Sie Fragen haben und uns Ihre Anschrift geben möchten:

Bitte trennen Sie diesen Fragebogen heraus oder kopieren ihn, und senden ihn an die **Verbraucher-Zentrale NRW, Bereich 3-ER, Mintropstr. 27, 40215 Düsseldorf.** Herzlichen Dank!

hier ausschneiden

bild- und rezeptnachweis

Titelfotos:	Foto oben: Sonja Rothweiler Foto unten: Dirk Albrecht
Fotos innen:	Sonja Rothweiler; Seiten 71, 104, 110, 142, 145, 152, 158, 160, 168, 173, 176, 180 sowie Fotofonds: Dirk Albrecht
Rezeptnachweis:	Rezepte Seiten 193–196, 198: Christina Bermeitinger

impressum

Herausgeber:

Verbraucher-Zentrale Nordrhein-Westfalen e.V.
Mintropstr. 27, 40215 Düsseldorf
Tel.: 02 11/38 09-0, Fax 02 11/38 09-172
e-mail: publikationen@vz-nrw.de

Verbraucher-Zentrale Hamburg e.V.
Kirchenallee 22, 20099 Hamburg
Tel.: 0 40/2 48 32-0, Fax 0 40/2 48 32-290
e-mail: info@vzhh.de

Verbraucher-Zentrale Hessen e. V.
Große Friedberger Str.13, 60313 Frankfurt/Main
Tel.: 0 69/97 20 10-0, Fax 0 69/97 20 10-50
e-mail: vzh@verbraucher.de

Verbraucher-Zentrale Niedersachsen e. V.
Herrenstr. 14, 30159 Hannover
Tel.: 05 11/9 11 96-0, Fax 05 11/9 11 96-10
e-mail: info@vzniedersachsen.de

Verbraucherzentrale Bundesverband e. V. (vzbv)
Markgrafenstraße 66, 10969 Berlin
Tel. 0 30/2 58 00-0, Fax 0 30/2 58 00-218
E-Mail: info@vzbv.de

Text:	Angela Clausen, Ursula Plitzko
Lektorat:	Ilse Mara Berzins
Gestaltung, Produktion:	Näscher und Näscher, Düsseldorf
Fotos:	s. Bildnachweis S. 237

Gedruckt auf:	Recymago, 100 % Recyclingpapier
Druck, Bindung:	KONKORDIA GmbH, Bühl

2. Auflage, November 2003, 16.–25. Tausend
ISBN: 3-933705-47-9, Printed in Germany

Ratgeber der Verbraucher-Zentralen können Sie in den Beratungstellen der Herausgeber kaufen oder per Post gegen Rechnung bestellen (Anschriften siehe Impressum). Zu den genannten Preisen (Stand: August 2003) kommen Porto und Versandkosten hinzu.

FIT FÜR DEN SPORT

Jeder der Sport treibt – egal, ob Inline-Skaten oder Walken –, weiß, dass der Körper nach Belastung wieder Energie tanken muss. Unser Ratgeber nimmt Kraftriegel, Eiweißpräparate und viele Wirkstoffe unter die Lupe und zeigt, wie man dem Körper mit normalen Lebensmitteln die notwendigen Vitamine und Mineralien wieder zuführen kann.

1. Auflage 2003
107 Seiten *5,80 €*

BÄRENSTARKE KINDERKOST

Essen und Trinken für Kinder ab dem 2. Lebensjahr. Gesund und lecker. Brauchen Kinder eigene Lebensmittel? Umgang mit Süßem. Antworten auf Fragen zur praktische Kinderernährung. Mit vielen Rezepten für die ganze Familie.

7. Auflage 2002
160 Seiten *5,80 €*

MAHLZEIT, KINDER!

Liebevoll illustriert von Wolf Erlbruch.
Wie können Kinder auch bei knapper Zeit stressfrei, gesund und lecker versorgt werden? Unser Ratgeber bietet umfangreiche Vorschläge für den Einkauf, die Küche, den Kindergarten und die Schule. Mit vielen Rezepten für Kinder- und Familienmahlzeiten.

2. Auflage 2003
124 Seiten *5,80 €*

ZEITMANAGEMENT IM ALLTAG

Die Zeit rennt – und Sie hinterher? Wünschen Sie sich manchmal, dass der Tag für Sie 25 Stunden und mehr hat? Entspannen Sie sich und Ihren Terminkalender mit unserem „Erste-Hilfe-Plan", der Ihnen mit den verschiedensten Ansätzen zeigt, wie man einen anderen Umgang mit der Zeit finden kann.

1. Auflage 2002
92 Seiten *5,80 €*

ALLE TAGE SCHULE

Unser Ratgeber hilft Familien, Schule mitzugestalten. Häufige Elternfragen, z.B. welche Kriterien eine gute Schule ausmachen, wie viel Schule vom Ranzen bis hin zu Nachhilfeunterricht kostet und was bei Problemen in der Schule zu tun ist, werden beantwortet. Ein praktischer Ratgeber für alle Eltern, die beim Schulalltag ihrer Kinder mitwirken möchten.

1. Auflage 2001
176 Seiten *9,80 €*

COMPUTER, HANDY, TV & CO.

Medien in Kinderhand: wann damit beginnen, wie begleiten, wie kann man Qualität erkennen? Eltern und Kindern wird Lust und Mut gemacht, sich vom passiven Zuschauer zum (inter)aktiven, medienkompetenten User zu entwickeln. Unter die Lupe genommen werden Fernsehen, Video, Computer, Internet, Radio und Handy. Mit weiterführenden Hinweisen und Links.

1. Auflage 2002
166 Seiten *7,80 €*

WECHSELJAHRE

Viele Frauen in den Wechseljahren haben Fragen: Was hilft bei typischen Beschwerden? Wie gut wirken naturheilkundliche Mittel? Welche Argumente sprechen für, welche gegen die Hormontherapie? Unser Ratgeber behandelt psychische und soziale Veränderungen sowie die Prävention altersbedingter Krankheiten.

1. Auflage 2003
138 Seiten *7,80 €*